U0012862

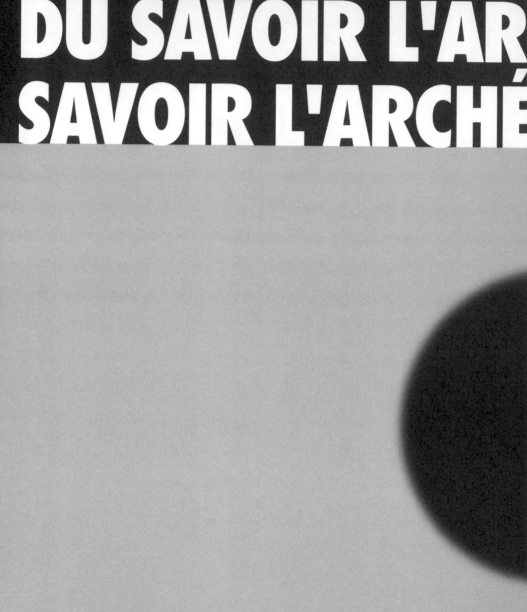

L'ARCHÉOLOGIE
DU SAVOIR L'AR(
SAVOIR L'ARCHÉ

U SAVOIR
HÉOLOGIE DU SAV
LOGIE DU SAVOIR

知識考古學

米歇爾‧傅柯

李沅洳 譯　陳逸淳 審閱

Michel Foucault

目錄

I.

導論

I. INTRODUCTION

數十年來，歷史學家的注意力都放在長時段分期的研究，彷彿在政治波動與其劇目之下，他們要揭示的是穩定且難以打破的平衡、不可逆轉的過程、恆常的調控、經過數百年的持續後達到頂點並相互換置的趨勢現象、累積的運動和緩慢形成的飽和、因傳統記述的錯綜複雜而被成堆事件覆蓋的靜止且無聲的巨大基石。為了進行這種分析，歷史學家使用了部分塑造、部分接收而來的工具：經濟成長模型、貿易流量的定量分析、人口發展與消退的概況、氣候與其變遷的研究、社會學常數（constante sociologique）的標定、技術調整及其傳播與持久性的描述。這些工具讓他們得以在歷史場域中區分出不同的沉澱層；過去一直是研究對象的線性接續性（successions linéaires），現在被一系列深層的脫鉤（décrochages en profondeur）所取代。從政治的流動多變到「物質文明」的緩慢演進，分析的層次增多了：每一層次都有自己特定的決裂（rupture），每一層次都含有一個僅屬於它自己的劃分；而且隨著我們越接近最深層的基石，這些斷節（scansion）也會越來越大。在統治、戰爭與飢荒的混亂歷史背後，呈現的是看起來幾乎不變的歷史——亦即變動不大的歷史：例如航海路線的

歷史、小麥與金礦的歷史、乾旱與灌溉的歷史、輪作的歷史、人類在飢餓與繁殖之間取得平衡的歷史。傳統分析會提出的老問題（不同事件之間有什麼樣的關聯？如何在它們之間建立必要的接續性？貫穿它們的連續性或它們最終形成的整體意義是什麼？我們是否能定義一個整體性〔totalité〕，或是必須僅止於重建連貫性？）如今已被另一種類型的詰問所取代：哪些層面必須彼此分離出來？要設置哪些系列類型？要為它們採用什麼樣的時間分期標準？從這個關係到那個關係，我們可以描述什麼樣的關係系統（等級、支配、分層、單義的決定因素、循環的因果關係）？我們可以為各系列建立什麼樣的系列？我們可以在多大範圍的年代圖表裡，確定不同事件的接續性？

然而，大約在同一時期，在這些我們稱為觀念史、科學史、哲學史、思想史及文學史的學科（它們的特殊性可以暫時忽略）當中，在這些無論標題為何、很大程度上都脫離了歷史學家的研究與其方式的學科裡，注意力反而從被描述為「時代」（époque）或「世紀」（siècle）的大型單位轉向決裂現象（phénomène de rupture）。在思想的巨大連續性下、在精神或集體心智狀態大量與同質的表現下、在一門自

始就力求存在與實現的科學的頑固發展下，以及在種類、形式、學科、理論活動的持續下，我們現在力圖檢測這些中斷（interruption）的影響。中斷的地位和性質相當多樣。巴修拉（G. Bachelard）將其描述為知識論的契據與閾值（*Actes et seuils épistémologiques*）：它們中止了持續的認知累積，打破這些認知臻至成熟的緩慢過程並使之進入一個新的時刻，切斷它們的經驗起源和初始動機，淨化了它們假想的同謀關係；因此，它們規定歷史分析不再是對無聲開端的研究，也不再是無止盡地溯本清源，而是標定一種新的合理性類型與其多個影響。亦可稱中斷為概念的移動（déplacement）與轉型（transformation）：康居朗（G. Canguilhem）的分析可作為模型；這些分析指出，一個概念的歷史不僅是其逐步完善的歷史、不斷增加之合理性的歷史、抽象梯度的歷史，也是這個概念各種建構與有效性場域的歷史，是這個概念的連續使用規則、讓它持續並完成制訂之多個理論環境的歷史。康居朗也在科學史的微觀（micro）與宏觀（macroscopique）之間做出區分，在此，事件與其後果的分類方式是不同的：因此，一個發現、一種方法的開發、一位學者的工作及其失敗都有不同的

影響，而且無論是在這個或那個層次都無法以相同的方式被描述；因為無論是在這裡或在那裡，傳述的歷史都不是相同的。復現再分配（redistributions récurrentes）則針對單一相同的科學，隨著其當下的變化，彰顯了多個過去、多個連貫形式、多個重要性的等級、多個決定因素網絡、多種目的論：歷史描述因而必然會依知識的現實性來安排，隨其諸多轉型而增加，並反過來持續與自身決裂（關於此一現象，塞荷〔M. Serres〕才剛在數學領域中提出一項理論）。還有葛胡（M. Guéroult）曾分析的系統之建築術的統一體（unité architectonique），對這些統一體來說，描述影響、傳統、文化連續性是不恰當的，而是應該描述內部一致性、公理、演繹鏈、相容性。最後，最激進的斷節（scansion）大概就是理論轉型的研究所造成的斷裂（coupure），這種研究「建立起一門科學，方法是將它從其過去的意識形態中抽離，並指出這個過去是一種意識形態」[*]。當然，我們還必須加上文學分析，如今被文學分析當作統一體

---

[*]　阿圖塞（L. Althusser），《保衛馬克思》（*Pour Marx*），頁 168。

（unité）的，不是一個時代的靈魂或敏銳性，不是「團體」、「學派」、「世代」或「運動」，甚至不是將作者生活與其「創作」連結起來的交換作用中由作者塑造的角色，而是一部作品、一本書、一段文本的結構。

　　因此，我們即將或正在向這些歷史分析提出的重大問題，不再是透過什麼樣的途徑來建立連續性，單一且相同的意圖用什麼方法來維持自身並為這麼多不同且接續的精神建構一個單一的視野（horizon），什麼樣的行動模式和載體意味著傳遞、恢復、遺忘、重複的作用，起源如何將其支配擴展到自身以外且直達這個不曾企及的實現——問題不再是傳統與痕跡，而是切割（découpe）與界線（limite）；問題不再是萬年不朽的基礎，而是作為各種基礎之基礎與更新的轉型。我們因而見到一個完整的問題領域展開了（我們已經熟知其中幾個問題），而且這個新的歷史形式試著透過這些問題闡述自己的理論：如何詳細說明能讓我們思考不連續性（閾值、決裂、斷裂、變動、轉型）的不同概念？用什麼樣的標準分離我們正在處理的統一體：什麼是一門科學？什麼是一部作品？什麼是一項理論？什麼是一個概念？什麼是一段文本？如何讓我們可以自處的層次

多樣化，這些層次都有自己的斷節（scansion）及分析形式：什麼是形式化的合法層次？什麼是詮釋的層次？什麼是結構分析的層次？什麼是因果關係的分配層次？

簡而言之，思想史、認知史、哲學史、文學史似乎都在增加決裂並尋找不連續性的所有突兀；然而所謂的歷史本身就是短篇的故事（l'histoire tout court），它為了追求結構的穩定，似乎抹消了諸多事件的干擾。

——— · ———

但願這種交錯縱橫不會引起幻覺。當其他學科的研究正從一堆不連續性走向不中斷的大型統一體時，我們不要被表象矇騙了，認為某些歷史學科已經從連續走向不連續；不要以為在對政治、制度或經濟的分析中，我們會對總體的決定因素越來越敏銳，反而是在分析觀念與知識時，我們會越來越關注差異的作用；不要相信這兩大描述形式在未相互承認的情況下還將再次彼此交會。

事實上，無論是在此或在彼，所提出的問題都是相同的，

但在表面上卻引發了相反的效應。這些問題，一言以蔽之：就是對文獻（document）的質疑。我們可以確定的是：很顯然地，一門如歷史這樣的學科自存在以來，我們就開始使用、查閱並質疑這些文獻；我們不僅思忖它們想要說什麼，也懷疑它們說的是否為真理、它們憑什麼可以如此宣稱，它們是可靠還是偽造的、是充滿訊息還是一無所知的、是確實無誤還是變造的。但是，上述每一個問題及整個重要關注都指向同一個目的：那就是從這些文獻——有時是隻字片語——透露的內容來重建過去，這個過去是文獻的來源，但如今已遠遠消逝在其後；文獻一直被視作一種現已沉寂的語言——它的痕跡很微弱，但幸好仍可辨識。然而，歷史透過早已出現但大概尚未結束的變動，改變了它相對於文獻的位置：其首要任務不再是詮釋文獻，也不是確定其真偽與表達價值（valeur expressive），而是對其進行內部工作與深究：歷史將文獻加以組織、分門、別類、安排、分層、建立系列、區分有無相關性、標定各種要素、定義各種統一體、描述各種關係。因此，對歷史來說，文獻不再是一種惰性材料（matière inerte），歷史試著透過這種惰性材料來重建人類所做或所說、但如今只留下航跡（sillage）的過往事件：

它試圖在文獻本身的構成中定義各種統一體、集合體、系列、關係。我們必須將歷史從長久以來感到自滿的形象（image）中分離出來，歷史過去一直藉此證明它在人類學方面的正當性：亦即歷史是千年集體記憶的論據，這種記憶會利用物質文獻找回記憶的鮮明度；歷史就是對文獻物質性（書籍、文本、記述、紀錄、行為、建築、制度、法規、技術、物件、風俗等等）的研究及實踐，這種物質性一直存於所有社會之中，無所不在，無論是以自發性的形式，還是以有組織的殘留形式皆然。對本身理所當然就是記憶（mémoire）的歷史來說，文獻並非是美好的工具；歷史，對一個社會來說，是把與之無可分離的大量文獻，賦予地位和闡述的一種方式。

扼要而言，傳統形式的歷史致力於「記住」過去的各種文物（monument），將它們轉成文獻，並讓這些痕跡發言，這些痕跡本身通常是非口頭的，或者是無聲地說出它們所說內容之外的事物；今日，歷史將文獻轉成文物，歷史在破譯人類留下之痕跡的地方、在我們試著透過對比來辨識它們的地方，展現了大量需要分離、歸類、找出關聯、建立關係、建構集合體的事件。曾經有段時間，考古學作為一門探究無聲文物、惰性

痕跡、無來龍去脈之對象及過去留下之事物的學科，因而比較類似於歷史，只有透過歷史論述的重建才有意義；如果玩弄一點文字遊戲，我們可以說今日的歷史比較類似於考古學——就是對文物做內在的描述。

這就產生了幾個結果。首先是我們已經指出的表面影響：觀念史中的決裂增多、狹義歷史的長時段分期出現。事實上，狹義歷史就其傳統形式來說，就是要定義各種事實或有日期可考之事件的關係（單純的因果關係、循環決定因素的關係、對立的關係、表達的關係）：系列的確立，就是要明確指出每一要素的鄰近關係。自此，問題就在於建構系列：定義每一系列的每一要素、確立它的界線、揭示其特有的關係類型、將之明確表達成法則，並進一步描述不同系列之間的關係，從而建構諸系列的系列或各種「圖表」（tableau），由此產生更多的層樣、它們的脫鉤、屬於它們的時間與時間順序的特殊性；由此必須區分的不僅是重要的事件（及一長串的因果關係）和無足輕重的事件，還有層次完全不同的事件類型（有些是短期的，有些是中期的，例如技術擴展、貨幣短缺，其他則是長期的，例如人口平衡，或是逐步調整經濟以適應氣候變遷）；由此就

有可能出現由罕見事件或重複事件建構的大型基準系列（série à repères larges）。在今日歷史中出現長時段分期並非是要回歸歷史哲學、世界上的重大時代或各文明命定的階段；而是在方法學上共同闡述各系列的結果。然而，在觀念史、思想史和科學史中，相同的變動卻會引發相反的效應：這個變動分解了由意識進展、理性目的論或人類思想演變建構而成的長期系列；它詰問有關匯集（convergence）與實現（accomplissement）的主題；它質疑整體化的可能性。這種演變會帶來不同系列的個別化，這些系列相互並列、接替、重疊、交織，而且無法被簡化成線性圖示。因此，出現的不是理性的這種連續時間順序，我們總是要追尋其難以企及的起源、回到其開創之初，取而代之的是有時短暫、彼此不同、背離單一法則的諸多尺度（échelles），它們通常具有各自特定的歷史類型，而且無法被簡化為一種正在獲取、發展和記憶的意識的一般模型。

第二個結果：不連續性（discontinuité）的觀念在歷史學科中占有重要地位。對古典形式的歷史來說，不連續（discontinu）是既定的（le donné），也是難以設想的（l'impensable）：亦即那些以分散事件——決策、意外、倡議、發現等形式呈現

的事物；那些為了讓事件的連續性出現，而必須透過分析來被規避、簡化、消除的事物。不連續性曾是時間上散亂的烙印，歷史學家必須將之從歷史中除去。但它現在卻成為歷史分析的基本要素之一，並在其中扮演三重角色。它首先建構了歷史學家有意識的操作（而不再是他無論如何都會從他必須處理的材料中獲得的事物）：因為他必須至少以系統性假設之名，區分可能的分析層次、每一層次特定的方法及適合它們的分期。不連續性也是歷史學家描述的結果（而不再是他分析過後必須消除的東西）：因為他要發現的是一個過程的界線、一條曲線的轉折點、一種調節運動的換置、一個擺盪的界線、一項運作的閾值、一種循環因果關係的失常時刻。最後，不連續性是一種不斷詳細說明的概念（而非忽略它，視其為兩個實證形態〔figure positive〕之間統一且無差別的空白）；根據我們對其賦予的領域和層次，不連續性具有特定的形式和功能：因為當我們描述知識論閾值、人口曲線的轉折、或是以某一種技術替代另一種技術時，我們談的並不是同一個不連續性。不連續性的概念是自相矛盾的：因為它既是研究工具，也是研究對象；因為它是它所劃定之場域的結果；因為它能讓領域個別化，但

是我們只能透過比較這些領域來建立此一不連續性。因為它最終也許不僅是歷史學家論述中的一個概念，還是歷史學家暗中假設的概念：事實上，決裂作為對象，向歷史學家提供了歷史——以及它自身的歷史，如果不是從這個決裂開始，歷史學家還能從哪裡談起呢？新歷史最主要的特點之一大概就是這種不連續的位移：它從障礙變成了實踐；它融入歷史學家的論述中，在此一論述裡，它不再是必須簡化的外部必然性（fatalité extérieure），而是我們使用的操作性概念；由此出現了符號的換置，透過這種換置，它不再是歷史解讀的否定面（歷史的反面、它的失敗、它的權能界線），而是確定其對象並使其分析有效的肯定要素。

第三個結果：一個總體歷史（histoire globale）的主題和可能性開始消失，而且我們見到一個完全不同的樣子被勾勒出來了，我們應該可以稱之為一般歷史（histoire générale）。總體歷史的規劃是尋求重建一個文明的整體形式、一個社會的物質或精神原則、某一時期之所有現象的共同意義、闡明其內聚力的法則——我們可比喻成一個時代的「面貌」（visage）。這樣的規劃與兩個或三個假設有關：我們假設在一個明確定義之

時空領域裡的所有事件之間、在所有有跡可循的現象之間，我們應該能建立一個同質關係的系統，能衍生每一現象的因果關係網絡，能指出這些現象如何互為象徵或全部表達出單一且相同之中央核心的類比關係；另一方面，我們假設一個單一且相同的歷史性形式包含了各種經濟結構、社會穩定性、心智狀態的慣性、技術習慣、政治行為，並讓它們都經歷相同的轉型類型；最後，我們假設歷史本身能以大型統一體——階段或時期——來表達，這些大型統一體本身就擁有它們的內聚原則。當新歷史對各種系列、切割、界線、落差、差距、時間順序的特殊性、殘跡（rémanence）的獨特形式、可能的關係類型提出疑問時，它質疑的正是這些公設（postulat）。但這並不是說它試著獲得多個並列且獨立的歷史：例如經濟史與制度史並列，制度史又與科學史、宗教史或文學史並列；這也不是說它只試圖在這些不同的歷史之間指出日期的巧合，或是形式與意義的類比。因此，問題出現了——而且這個問題定義了一般歷史的任務——那就是確定在這些不同的系列之間，哪種關係形式可以被合理地描述；這些系列能形成哪種垂直系統；從這個系列到另一個系列，其相關性和支配性的作用是什麼；各種差距、

不同的時間性、不同的殘跡可能會有什麼影響；在哪些不同的集合體中，某些要素可以同時出現；簡而言之，就是不僅要確定哪些系列、還要確定哪些「系列之系列」——或換句話說，就是哪些「圖表」[*]是有可能建構的。總體描述會將所有的現象集中起來，圍繞著單一一個中心——原則、意義、精神、世界觀、整體形式；相反的，一般歷史展開的卻是分散的空間。

最後一個結果：新歷史遇到若干方法學上的問題，其中幾個應該早在它之前就存在了，但這些問題現在成為它的特徵。我們可以舉其中幾個例子：建構一致且同質的文獻素材（corpus）（開放或封閉、有限或無限的素材）、建立選擇原則（取決於我們想要詳盡處理的大量文獻、依統計學採樣方法進行的抽樣，或是否想要事先確定最具代表性的要素）；定義分析層次及適合這個層次的要素（在所研究的材料中，我們可

---

* 我們是否必須向最後的漫遊者指出，一個「圖表」（而且應該是就這個詞的所有意義而言）在形式上正是一個「諸系列之系列」？無論如何，這不是固定放在燈箱前、讓孩子們大失所望的小小圖案，這個年紀的孩子當然更喜歡電影的活潑生動。

以指出數值方面的指標；對事件、制度、實踐之明確或不明確的參照；使用的字詞，以及這些字詞的使用規則、它們勾勒出的語義學場域，或是命題的形式結構與結合它們的連貫性類型）；詳細說明一種分析方法（數據的定量處理、依我們研究的若干可確定特點來解析相關性、詮釋性解碼、頻率和分布的分析）；劃定能表達所研究之材料的集合體和子集合體（sous-ensemble）（範圍、時期、單一過程）；確定可作為一個集合體之特徵的關係（這可以是數值或邏輯上的關係；也可以是功能、因果、類比的關係；還可以是能指〔signifiant〕和所指〔signifié〕的關係）。

　　從今以後，所有這些問題都屬於歷史的方法學場域。這個場域值得關注，理由有二。首先，因為我們看到它在多大程度上擺脫了不久前才構成歷史哲學的事物，以及歷史哲學提出的問題（關於發展的合理性或目的論，關於歷史知識的相對性，關於在過往的惰性和現在的未完成整體性中，發現或建構一個意義的可能性）。其次，因為它與我們在他處——例如在語言學、民族學、經濟學、文學分析、神話學的領域——再度發現的某些問題相重疊。關於這些問題，我們大可歸類為結構主

義。但是有幾個條件：這些問題遠遠無法獨自涵蓋歷史的方法學場域，它們只占據了一部分，其重要性隨著分析的領域和層次而有所不同；除了若干相對有限的情況，它們都不是來自語言學或民族學（依據今日常見的途徑），而是誕生於歷史本身的場域之中——主要是在經濟史場域，有時是經濟史提出的問題；最後，它們都絕對不允許談論歷史的結構化，或至少談論一種克服結構與發展之間的「衝突」或「對立」的企圖：因為長久以來，歷史學家都在標定、描述與分析各種結構，但從來就不需要質疑他們是否忽略了活生生的、脆弱的、悸動的「歷史」。結構—發展的對立與歷史場域的定義無關，也大概與結構方法的定義無關。

———— · ————

今日，歷史的這種知識論變動尚未結束。然而，此一變動並非昨天才開始，因為我們大概可以將最初時刻追溯至馬克思。但是這要很長一段時間之後才會產生效果。即使是現在，而且特別是對思想史而言，此一變動並沒有被記錄下來，也沒

有獲得反思，然而其他一些較晚出現的轉型都已經受到青睞了──例如語言學的轉型。彷彿在人類描繪自身觀念與認知的這個歷史中，我們特別難以明確表達一個有關不連續性、系列、界線、統一體、特定次序、自主性與有區別之依存性等一般理論。彷彿我們已經習於尋找起源、永遠都在回溯前因、重建傳統、追隨演變曲線、規劃各種目的論、不斷援引生命的隱喻，所以我們極其厭惡去思索差異、描述差別和分歧、分離令人安心的同一性形式。或者更確切地說，彷彿從閾值、變動、獨立系統、有限系列──就像歷史學家實際使用的──這些概念中，我們很難去形成理論、得出一般結果、甚至推導出所有可能的含義。彷彿我們害怕在自己的思想時代中去思索他者（Autre）。

這是有理由的。如果思想史能成為不間斷的連續性之處，如果它不停地連結沒有抽象概念就無法分析的連貫性，如果它以人們的所言所行來編織能預測之、準備之、不斷將之導向其未來的模糊綜合體（synthèse），──那麼這個思想史應該會成為意識主權（souveraineté de la conscience）的獨特庇護所。連續的歷史是主體創始功能不可或缺的相關事物：確保將歷史

遺漏的一切都歸還給歷史；確信如果沒有將時間重建成一個重組的統一體，時間就不會分散任何東西；承諾主體有朝一日能——以歷史意識的形式——再次占據所有這些因差異而遠離的事物，恢復對它們的掌控，並在其中找到可說是其歸宿的事物。讓歷史分析成為連續的論述，讓人類的意識成為所有發展與實踐的原初主體，這些都是同一個思想系統的兩面。時間在此以整體化的方式被構思，而革命在此從來只意味著覺醒。

自十九世紀以來，此一主題在不同的形式下一直發揮著相同的作用：它反對所有的偏移（décentrement），它要拯救主體的主權、人類學和人文主義的雙生形態。它反對馬克思——透過生產關係、經濟決定論和階級鬥爭的歷史分析——所造成的偏移，並在十九世紀末引發了對總體歷史的研究，這種歷史認為一個社會裡的所有差異應該都可以化為一個單一形式、組成一種世界觀、建立一種價值系統、形成文明的某種一致類型。它以起源根基的研究來反對尼采的系譜學（généalogie）造成的偏移，這種研究將合理性變成人的目的（telos），並將整個思想史和對這種合理性的維護、對此一目的論的維持、對回歸此一根基的始終必要性連結起來。最後是近幾年，當就主體

的慾望法則、語言形式、行動規則、神話或寓言式論述的作用而言，精神分析學、語言學、民族學等研究已經偏移了主體時，當人本身被問及他是誰，卻顯然無法解釋其性事（sexualité）與無意識、其語言的系統形式或是其假想（fiction）的規律性時，歷史連續性的主題就會再次被採用：歷史不應該是斷節（scansion），而是發展；它不應該是關係作用，而是內在動力論（dynamisme interne）；它不應該是系統，而是自由的辛勤運作（dur travail de la liberté）；它不應該是形式，而是意識不間斷的努力，這個意識正在自行覺醒，並試著在其情境的最深處重新掌控自我：因為歷史應該既是漫長不間斷的耐心，也是最終打破所有界線之運動的活力。這個主題將用歷史的生動開放與結構的「不動性」、「封閉的」系統、必要的「共時性」相互對照，為了讓此一主題有效，我們顯然必須在歷史分析本身中拒絕對不連續性的使用、對各層次與界線的定義、對特定系列的描述、對所有差異作用的揭示。因此，我們為馬克思披上人類學的色彩，使之成為一名強調整體性（totalité）的歷史學家，並在他那裡再度發現人文主義的意圖；因此，我們會以先驗哲學的術語來詮釋尼采，並在研究起源方面打壓他的系譜

學；最後，我們會忽略新歷史今日提出的整個方法學問題的場域，彷彿這個場域從未出現過。因為，如果不連續性、系統和轉型、系列和閾值的問題確實出現在所有的歷史學科中（在有關觀念或科學的諸歷史學科中，不亞於在有關經濟與社會的諸歷史學科中），那麼我們要如何以某種合理性來對照「發展」和「系統」、運動和循環調節，或是像我們不加思索脫口而出的那樣，要對照「歷史」和「結構」？

正是這同一個保守功能在文化整體性的主題——我們曾就這個主題批評並曲解了馬克思——、在研究起源的主題——我們之前以此反對尼采，之後又想將他移植到這個主題裡——，以及在生動、連續且開放之歷史的主題中發揮作用。因此，每一次進行歷史分析——特別是涉及思想、觀念或認知——時，我們見到過於明顯地使用不連續性和差異等範疇，閾值、決裂和轉型等觀念，系列和界線等描述，我們都會大喊歷史被謀殺了。我們會譴責任何對歷史不受時效約束的權利、所有可能之歷史性基礎的攻擊。但是不要搞錯了：我們深深哀悼的不是歷史的消失，而是此一歷史形式的抹去，因為這種歷史形式曾暗中但完整地用來表示主體的綜合活動；我們哀悼的是這樣一個

發展，它本來應該要向意識的主權提供一個比神話、同源系統、語言、性事或慾望更安全且更不暴露的避風港；我們哀悼的是這樣一種可能性，它能透過計畫、意義的研究或整體化的運動，重現物質的決定因素、實踐規則、無意識系統、嚴格但未經反思的關係、脫離所有實際經驗的相關性等作用；我們哀悼的是對歷史的這樣一種意識形態使用，因為我們試圖藉此恢復人類一個多世紀以來不斷失去的一切。我們曾經將所有過往的寶藏堆積在這座歷史的古老碉堡裡；我們相信它是堅固的；我們將它神聖化了；我們讓它成為人類學思想的最新場所；我們相信可以在此逮住那些曾對它大肆攻擊的人；我們相信可以將他們變成警惕的守衛。但是這座古老的堡壘，歷史學家很早就拋棄它，另覓他處進行研究了；我們甚至注意到馬克思或尼采並未善盡捍衛之責。我們再也不能指望他們能保衛這些特權；也不能指望他們能再次肯定 —— 上帝知道在今日的困境中，我們是否有此需要 —— 歷史至少是生動與連續的，再次肯定對回答問題的主體來說，它是休息、確定、調解、高枕無憂之處。

就是這一點決定了我的研究，而《古典時代瘋狂史》（*Histoire de la folie*）、《臨床的誕生》（*Naissance de la clinique*）、《詞與物》（*Les Mots et les Choses*）都曾以非常不完美的方式來勾勒這項研究。我們試圖藉此來衡量歷史領域中普遍發生的變動；在這項研究裡，觀念史的方法、界線、主題都遭到質疑；透過這項研究，我們嘗試在歷史領域中解開最新的人類學束縛；這項研究反過來也揭露了這些束縛是如何形成的。這些工作過去是在凌亂之中被勾畫出來的，而且沒有明確定義它們的普遍表達方式。現在該是讓它們保有一致性的時候了——或至少要嘗試一下。而本書就是其成果。

　　在開始之前，為避免產生任何的誤解，我列出幾點注意事項。

　　‧這不是要將已在其他分析場域中驗證過的結構主義方法轉移到歷史領域，特別是認知史的領域。這是要展現正在歷史知識領域中實現的原生領域轉型

（transformation autochtone）的原則和後果。無論是
此一轉型，或是它提出的問題、它使用的工具、在其
中被定義的概念、它獲得的結果，這些在某種程度上
對我們所謂的結構分析而言可能都不陌生。但是，我
們並沒有要在此特別討論這個分析；

· 這不是要（而且更不用說）使用文化整體性的範疇
（無論是世界觀、理想類型、各時代的獨特精神皆
然）將結構分析的各種形式無論如何都強加給歷史。
我所描述的系列、確定的界線、建立的比較和相關
性，都不是基於古老的歷史哲學，而是為了質疑目的
論和整體化；

· 在定義一個擺脫人類學主題的歷史分析方法上，我們
看到現在即將勾畫的理論與已經完成的調查具有一種
雙重關係。這個理論試著以概括的方式（而且有許多
的修正和闡述），明確表達出為目的之需而被這些研
究使用或設計的工具。但是另一方面，由此取得的結

果也強化了此一理論，以便定義一種不受任何人類學主義（anthropologisme）影響的分析方法。這個理論依據的基礎就是它之前所發現的基礎。對瘋狂和心理學的出現、對疾病和臨床醫學的誕生、對生命及語言和經濟等學科的研究，有一部分都是盲目的嘗試：但這些嘗試逐漸清晰起來，這不是因為它們的方法越來越清楚，而是因為它們在這場有關人文主義和人類學的辯論中，發現了其歷史可能性的那一點。

一言以蔽之，這部作品跟之前那些一樣，都不關乎——至少不是直接地、也不是首先被審斷（en première instance）為——（起源、歷史、實現的）結構之爭；而是屬於另一個場域，在這個場域裡，人類存有、意識、起源和主體的問題會出現、交錯、相織並被詳細說明。但如果要說這裡也有結構的問題，大概也是沒有錯的。

這項研究不是重複與精確描述我們可在《古典時代瘋狂史》、《臨床的誕生》或是《詞與物》中讀到的內容。它在許多方面都與它們不同。它也包含了不少修正和內在批評。一

般來說，《古典時代瘋狂史》裡有大量在此被稱為「經驗」（expérience）的極神祕事物，從而指出我們多麼容易接受歷史的匿名與一般性的主題；《臨床的誕生》多次嘗試使用結構分析，但這可能會避開所提問題的特殊性，以及考古學固有的層次；最後，在《詞與物》裡，由於缺少方法學指標，所以我們可能會相信這是在分析文化整體性。這些我過去無法避免的危險讓我感到擔憂：我安慰自己說，它們都是這項研究本身的一部分，因為這些研究必須擺脫歷史的這些不同方法和形式，才能採用自己的方法；其次，若沒有那些向我提出的問題[*]、沒有出現這些困難、沒有這些異議，我大概就不會以如此清晰的方式勾勒出這項研究，而且不管我是否願意，自此之後我都無法與其分割。由此，我在本書中採取小心翼翼、蹣跚而行的方式：因為本書隨時都在保持距離，一方面建立自己的方法，一方面摸索靠近自己的界線、碰上它不想說的事物、為了定義自己的道路而開鑿掘溝。它隨時都在揭露可能的混亂現象。它拒絕自己的同一性，而且預先說了：我既非這個，也不是那個。大多數的時候，這並不重要；這也不是說大家都錯了。這是要透過其鄰近領域的外部性來定義一個獨特的位置；這是在

試著——而非假裝他人的意圖是徒勞無益的，從而使其保持沉默——定義這個我發言之起點的空白空間，這個空白空間在一種我覺得如此不穩固且不確定的論述中慢慢形成。

—— · ——

· 您不確定您在說什麼嗎？您是要根據人們向您提出的問題來再次改變想法、移動立場，說這些反對意見實際上並沒有直指您所言？您準備要再次說您從來就不是人們責備的那個樣子嗎？您已經安排了退路，讓您能在下一本書中重新出現並像現在一樣蔑視嘲弄，說：不，不是的，我並不在您窺伺我的地方，但是我在這裡，笑著凝視您。

＊　　　尤其是本書的前幾頁以一種些微不同的形式回覆了巴黎高等師範學院知識論學圈（Cercle d'Épistémologie de l'ENS）提出的問題（參見第九號《分析筆記》[*Cahiers pour l'Analyse*]）。另一方面，我概述了部分的申論以回應《精神》期刊（*Esprit*，1968 年四月）的讀者。

・好吧，您想像一下，我在書寫時遭受了多少艱辛，也感受到多少樂趣，如果我沒有 —— 帶著有點顫抖的手——準備一座迷宮，讓我可在其中冒險、移動我的意圖、為它開通隧道、使它推離自身、為它找到可以概述並扭曲其途徑的延伸物，我迷失在這座迷宮裡，最終出現在我面前的卻是我應該永遠不會再遇到的，而您還認為我會如此執著埋首於其中。我大概不是唯一一個為了抹去形象而書寫的人。不要問我我是誰，也不要叫我保持不變：這是一種身分狀態的道德規範（une morale d'état-civil）；它管理著我們的文證。但願關乎書寫之時，它仍任我們自由。

II.

論述的規律性

II. LES RÉGULARITÉS DISCURSIVES

I.
LES UNITÉS DU DISCOURS

論述的統一體

　　不連續性、決裂、閾值、界線、系列、轉型等概念的運用
不僅讓歷史分析遇到程序的問題，也遭遇理論的問題。在此要
研究的正是這些問題（至於程序的問題，如果我有機會、有意
願且有勇氣的話，將會在之後的經驗調查中去探究）。而且我
們只會在一個特殊的場域中探索它們：亦即在那些邊界如此不
確定、內容如此模糊的學科裡，我們稱它們為觀念史、思想史、
科學史或認知史。

首先要完成一項否定的工作：就是擺脫以各自的方式讓連續性主題變得多樣化的觀念作用。這些觀念大概沒有非常嚴格的概念結構；但是它們的功能很明確。例如傳統這個觀念：它旨在賦予既連續又相同（或至少類比）的現象集合體一個獨特的時間地位；它讓我們以相同的形式重新思考歷史的分歧；它能縮減一切初始特有的差異，讓我們得以無止盡地回溯至起源的模糊確定；幸虧有傳統，我們可以在常態之中分離出新的事物，並將它們的優點轉成原創性、天份、個人決定。還有「影響」這個觀念，它為傳遞和交流的事實提供了一個載體（support）——這太奇幻了，所以無法好好分析；它將相似或重複的現象歸諸於一種因果狀態的過程（但是沒有嚴格的界定，也沒有理論上的定義）；它跨越時空——例如透過傳播環境——將個體、作品、觀念或理論等明確定義的統一體連結起來。又例如發展和演變的觀念：它們能將一系列分散的事件聚集起來，將它們與單一且相同的組織原則連結起來，使它們屈服於生命的典範力量（還有它的適應作用、創新能力、不同要素之間的持續相關性、同化與交換系統），使我們早在每一個開端之中就發現了一致性原則和未來統一體的雛形，並透過未

曾確定卻總是有效的起源和期限這兩者之間永久可逆的關係來掌控時間。「心智狀態」（mentalité）或「精神」（esprit）的觀念能讓我們在既定時代的同時或連續現象之間，建立一個意義共同體、象徵性關聯的共同體、一種相似與鏡像的作用——或是讓集體意識的主權作為統一體和解釋的原則來呈現。對於這些現成的綜合體（synthèse），這些我們通常不加查驗就接受的組合（groupement），這些一開始就被視為有效的關聯，我們必須重新提出質疑；我們必須驅逐這些我們習於用來連結人類論述的模糊形式和力量；我們必須將它們逐出其支配的陰影。與其讓它們自發地作用，由於考慮到方法之故，我們首先在此僅受理大量的離散事件。

我們也必須關注這些我們熟悉的劃分（découpage）或組合。我們是否能原封不動地接受大型論述類型的區分，或是形式和種類的區分，這種區分讓科學、文學、哲學、宗教、歷史、小說等等相互對立，並因而使它們成為主要的歷史特性？連我們自己都不確定這些在自己的論述世界中所使用的區分，更遑論在分析陳述集合體時更是如此，這些陳述集合體在表述之際就以另一種方式被分配、分布和特徵化：畢竟，「文學」和「政

治」都是最近才出現的範疇，我們只有透過回顧性假設、形式類比或語義相似性的遊戲，才能將它們應用到中世紀文化或甚至是古典文化上；但不管是文學、政治、哲學或科學，都沒有像在十九世紀闡明論述場域那樣，闡明十七或十八世紀的論述場域。無論如何，這些劃分──不管是我們接受的，或是與所研究之論述同時代的──本身一直都是反思的範疇、分類的原則、規範性的規則、制度化的類型：它們反過來又是論述的事實，值得與其他論述事實一起分析；它們之間當然有複雜的關係，但都不是固有的、原生的、普遍可認出的特徵。

但我們尤其要擱置的是以最直接的方式強迫我們接受的統一體：那就是書籍（livre）和作品（œuvre）。乍看之下，我們能不費吹灰之力就將之抹去嗎？它們難道不是以最確定的方式被確認的嗎？書籍的物質個別化占有一個確定的空間、具有經濟價值，並透過若干符號來標示自己的起迄界線；我們將若干文本歸諸於一位作者，用以建立我們認可且劃定範圍的作品。然而，一旦我們仔細觀察，困難就會開始顯現。書籍的物質統一體是什麼？詩集、遺作殘本選集、《圓錐曲線論》（*Traité des Coniques*）或是米榭勒（Michelet）的《法國史》（*Histoire* de France）任一卷，它們的統一體都是相同的嗎？如果是《骰子一擲》（*Un coup de dés*）、吉爾・德・雷（Gilles de Rais）的審判、布托（Butor）的《聖馬可》（*San Marco*），或是天主教的祈禱書，它們的統一體都一樣嗎？換句話說，對書籍承載的論述統一體而言，卷冊的物質統一體難道不是脆弱、次要的嗎？但這個論述統一體，它是同質且皆可適用的嗎？斯湯達爾（Stendhal）或杜斯妥也夫斯基（Dostoïevski）的小說都不像《人間喜劇》（*La Comédie humaine*）收錄的那些小說那樣各有特性；而《人間喜劇》又無法像《尤利西斯》（*Ulysse*）和《奧德賽》（*L'Odyssée*）那樣能彼此做出區分。這是因為書的邊界處（marge）從來就不清楚且未被嚴格地確認：除了書籍的標題、開頭跟最後一個句點，除了其內部配置和使其自主的形式之外，它還被置入一個援引其他書籍、文本、句子的系統裡；這就是網絡的焦點。然而這種援引作用與我們要處理的數學專論、文本評註、歷史敘述、小說中的情節是不同源的；無論是哪一種狀況，書籍統一體即使被理解為一堆關係，也不能被當作是相同的。書籍枉為我們拿在手上的那個物件；它枉然地蜷縮在這個困住它的小小平行六面體裡：它的統一體是可變與相

對的。一旦我們質疑之，它就失去了顯著性；它不會自我表明，它只能從一個複雜的論述場域來建構。

　　至於作品，它引發的問題就更為棘手。然而乍看之下，還有什麼能比它更簡單的呢？它就是可用一個專有名詞的符號來指稱的文本總和。但是，此一指稱（即使我們不談屬性的問題）並非是一種同質功能：作者的名字是否同樣都能用來指稱他以本名發表的文本、以筆名發表的文本、死後尋得的草稿、塗鴉、筆記或「一張紙」？建構一部完整的作品或一部鉅著（*opus*）需要一些選擇，這些選擇並不容易證明或表述：將作者打算出版卻未完成的遺稿加入他已發表的文本中，這樣就夠了嗎？我們是否也必須納入書籍所有的草稿、初步構想、修改和劃掉的部分？是否必須加入被捨棄的草稿？信件、筆記、被報導的談話、聽眾轉錄的話語，簡而言之，就是一個人逝世後所遺留的、以諸多不同語言無限交織的形式表達出來的大量言語痕跡，它們的地位又是什麼？無論如何，「馬拉美」（Mallarmé）這個名字並不會以相同的方式與英語主題、愛倫‧坡（Edgar Poe）的翻譯作品、詩歌、調查回覆產生關係；同樣的，尼采的名字和其早年的自傳、學校作文、語史學文章、

《查拉圖斯特拉如是說》（*Zarathoustra*）、《瞧！這個人》（*Ecce Homo*）、書信、有「狄俄尼索斯」（Dionysos）或「尼采皇帝」（Kaiser Nietzsche）簽名的最後一些明信片、無數記滿了洗衣店帳單與格言草圖的筆記，它們之間的關係也不會是一樣的。事實上，若我們能如此心甘情願且不帶疑問地談論一位作者的「作品」，那是因為我們假設它是由某種表達功能來定義的。我們認為應該有一個層次（其深度是必須用想像的），作品會在這個層次顯現，即使是最微小、最無關緊要的片段，例如思想的表達、經驗、想像、作者的無意識，或甚至是影響他的歷史決定因素。但是我們很快就看到，這樣一個統一體並非是立即既定的，而是由一種操作構成的；這種操作是詮釋性的（因為它在文本中破譯了文本同時隱藏與顯示之事物的轉錄）；最後，決定整部鉅著乃至作品本身的操作，與《劇場及其複象》（*Théâtre et son double*）的作者，或是《邏輯哲學論》（*Tractatus*）的作者不會是相同的，因此，無論在這裡或那裡，我們談論的「作品」都不具有相同的意義。作品既不能被視作立即的統一體，也不是確定或同質的統一體。

最後我們要審慎地排除欠缺思索的連續性，因為我們會透

過這些連續性，事先組織想要分析的論述：我們要摒棄兩個相關但相對的主題。其中一個主題認為，要在論述的範疇中確定真實事件的湧現，是永遠不可能的；除了任何明顯的起始，永遠都會有一個祕密的起源——它是如此神祕、如此原始，以至於我們從來就無法完全重新掌握其本身。因此，我們注定會透過時間順序（chronologie）的天真樸實，被重新導向一個永遠在後退、從未出現在任何歷史中的起點；這個起點本身可能只是自己的空無；而且從它開始，所有的起始永遠只能是重新開始或隱藏（說真的，就是以單一且相同的動作，造就了前者與後者）。與這個主題相關的另一個主題認為，所有的明顯論述都祕密地奠基於一個已說（déjà-dit）；而這個已說不僅是一個已經說出的句子、一篇已經寫出來的文本，還是一個「從未說過」（jamais dit），一個沒有具體化的論述、一種像呼吸般無聲的聲音、一種不留痕跡的書寫。我們因而假設，論述能表述的一切都已經在這個半沉默（demi-silence）之中被表達出來，這個半沉默的存在比論述更早，而且繼續頑固地在它之下運行，但是論述將它遮住並使其沉默。畢竟，明顯的論述應該只是未說出之事物的壓制性在場；而此一非說（non-dit）應該是

一種從內部破壞所有被說出之一切的空洞。第一個主題使得論述的歷史分析注定要追尋與重複某個避開所有歷史決定因素的起源;第二個主題則使論述的歷史分析去詮釋或聆聽一個可能同時也是非說的已說。我們必須放棄所有這些主題,它們的功能是確保論述的無限連續性、在永遠無跡可循之作用中的隱密自我在場。我們必須準備好隨時在論述的事件湧現中迎接論述的每一個時刻;在其恰好的出現當中,以及在允許它被重複、認識、遺忘、轉型、完全抹去、隱藏在書籍灰塵中的這個時間分散裡頭。我們不應該將論述帶向起源的遙遠在場;而必須在該案例中處理之。

連續性的這些先決形式,所有這些我們沒有提出疑問並使其理所當然有效的綜合體,因而都必須暫時擱置。當然,我們不是要徹底拒絕它們,而是要擺脫平靜接受它們的狀態;要指出它們並非自然而成的,而一直是一種結構效應,我們要認識的就是這種建構效應的規則並掌控其論據;要定義在哪些條件之下、根據哪些分析,哪些先決形式會是合理的;要指出哪些是無論如何都不可能再被接受的。例如,「影響」(influence)或「進化」(évolution)的觀念很可能會受到批評,使得它

們──在一段或長或短的時間裡──都不會被採用。但是「作品」、「書籍」或甚至是「科學」或「文學」等這些統一體，我們必須永遠避開它們嗎？我們必須將它們當作幻象、不合理的建構、不好的結果嗎？我們是否必須放棄對它們的所有、甚至只是暫時的使用，而且從不為它們下定義？事實上，問題在於要將這些統一體從它們的近乎顯然（quasi-évidence）中抽離出來、解決它們造成的問題；要承認它們不是一處可讓我們提出其他問題（關於它們的結構、一致性、系統性、轉型）的安穩之地，而且它們本身就提出了一堆問題（它們是什麼？如何定義或限定它們？它們可以遵守哪些不同的法則類型？它們可能是什麼樣的表達？它們可能產生哪些子集合體？它們會使哪些特定現象出現在論述場域中？）。問題在於承認它們最終或許不是我們一開始所以為的那樣。簡而言之，就是承認它們需要一個理論；而且除非有　個非綜合、純粹的論述事實場域出現，讓我們可以建構它們，否則這個理論就無法建立。

至於我，我什麼也沒做：當然，我會將所有既定的統一體（例如精神病理學、醫學或政治經濟學）作為最初的基準；但是我不會深入這些不明確的統一體之內部來研究它們的內部配

置或隱密的矛盾。我只會在質疑它們形成哪些統一體時倚賴它們；質疑它們憑什麼要求一個可在空間上明列它們的領域，以及一個能在時間上使它們個別化的連續性；質疑它們是根據什麼法則形成的；質疑它們是在哪些論述事件的背景下被勾勒出來的；質疑在它們被接受且近乎制度性的個別化中，它們是否最終不會成為更堅實之統一體的表面效果。我只接受歷史提供給我的那些集合體，以便立即對它們提出疑問；以便解開它們，並且得知我們是否能正當地重組它們；以便得知是否必須將它們重建成其他的集合體；以便將它們重新置放在一個更普遍的空間中，這個空間能透過消除它們明顯的親近性，允許建立理論。

　　一旦連續性的這些立即形式被擱置，整個領域事實上就解放了。這是一個廣大但可以定義的領域：它由所有（無論是口頭或是書寫的）有效陳述集合體以它們的事件分散性和各自特有的案例建構而成。很確定的是，在研究一門科學、小說、政治論述、一位作者的作品或甚至是一本書之前，我們要以其初期的中性樣貌來處理的材料，就是在一般論述空間中的事件群體。因此，論述事件之描述（description des événements discursifs）的計畫出現了，可作為研究在其中形成之統一體的層面。此一描述很容易和語言分析區分開來。當然，我們只能使用陳述的素材或論述事實的收集來建立一個語言系統（如果我們不是以人工方式來建構的話）；但這因而就是以這個具有樣本價值的集合體來定義規則，這些規則使我們有可能在這些陳述之外建構其他陳述；即使一個語言消失已久，再也沒有人使用它，而且我們只能以極少數的斷簡殘篇來恢復它，但是對可能的陳述來說，它依舊建構了一個系統：因為這是一個有限的規則集合體，可允許無限次數的展演（performance）。另一方面，論述事件的場域是一個始終有限、且目前僅受限於已被明確表達之語言段落的集合體；這些語言段落也許是不可勝數的，它們在數量上可能超過任何紀錄、記憶或閱讀的能力：然而，它們建構了一個有限的集合體。關於任一論述的事實，語言分析提出的問題永遠如下：這樣一個陳述是根據什麼規則來建構的？由此，其他相似的陳述又應該可以根據什麼規則來建構？論述事件的描述提出了一個完全不同的問題：如何讓這樣一個陳述出現且沒有其他的可以代替？

我們也看到，這個論述描述與思想史是相對立的。再者，

我們只能以一個明確的論述集合體來重建一個思想系統。但我們處理這個集合體的方式，就是試著在陳述本身之外找回言說主體的意圖、有意識的活動、想說的事物、或甚至是不由自主地在他說出的、或在其明顯話語中幾乎難以察覺的裂縫裡被披露的無意識作用；無論如何，這關係到重建另一個論述，再度發現那些從內在使我們聽聞到的聲音得以充滿活力的無聲、低語、源源不絕的話語，重建細微且不可見、貫穿字裡行間且有時會弄亂它們的文本。對於思想分析所使用的論述而言，這個分析一直是寓言式的（allégorique）。其問題必然如下：在已說出的事物裡，被說出的到底是什麼？論述場域的分析方向則完全不同；那就是要掌握陳述事件的狹隘性與奇特性；確定其存在的條件，盡可能精準地確定它的限制，建立它與其他可能與其相連結之陳述的相關性，指出它排除了哪些其他的聲明（énonciation）形式。我們不會在明顯的事物之下尋求另一個論述若隱若現的喋喋不休；我們必須指出為何它只能是它本來的樣子、它在哪方面會排除所有其他論述，還有它如何在其他論述之中且相對於它們來講，占據了一個其他論述都無法占有的位置。關於這種分析，我們應該可以提出如下的問題：這個

出現在已說之事物裡而非他處的獨特存在到底是什麼？

我們必須提出質問，假如這終歸是要找回我們一開始就假裝質疑的那些統一體，那麼擱置所有這些已被接受的統一體到底有什麼用處。事實上，系統性地排除所有既定的統一體，首先能讓陳述重建它的事件特殊性，並指出不連續性不僅是造成歷史地質斷層的這些重大事故之一，而且已經存於陳述的簡單事實裡；我們讓它出現在其歷史湧現中；我們試著關注的正是它建構的這個切口，這個不可化約的——而且通常是極微小的——萌生。因此，不管它有多麼普通、不管我們想像它的後果有多麼不重要、不管它出現後有多快就被遺忘、不管它如同我們假設的那樣很少被理解或是被誤解，陳述永遠都是一個事件，無論是語言或是意義都無法窮盡之。這的確是一個奇怪的事件：首先，因為它一方面與書寫的動作或話語的表達有關，但另一方面，它在記憶場域或手稿、書籍與任何記錄形式的物質性中，為自己開啟了一種殘餘的存在；其次是因為它像任何事件一樣都是獨一無二的，但它又是可重複、轉型、重新運作的；最後是因為它不僅與引發它的境況還有它造成的後果有關，同時還以一種完全不同的方式與它前後的陳述有關。

但是相較於語言和思想，如果我們將陳述事件的案例分離出來，這並不是為了分散無數的事實。這是為了確保不會將它與純粹心理學層面的綜合性操作（作者的意圖、其精神形式、其思想的嚴謹性、困擾他的主題、貫穿其存在並賦予其意義的計畫）聯繫起來，為了能夠掌握其他規律性形式和其他關係類型。這包括了陳述之間的關係（即使作者對這些關係一無所知；即使這涉及了不同作者的陳述；即使這些作者之間互不相識）；由此建立的陳述群之間的關係（即使這些陳述群涉及的領域既不相同也不相鄰；即使它們沒有相同的形式層次；即使它們不是可指稱的交換之處）；陳述或陳述群與完全不同範疇（技術、經濟、社會、政治）的事件之間的關係。我們讓論述事件在其中展開的空間會以其最純粹的方式出現，這不是要在無法克服的孤立中重建之；這不是要把它自己封閉起來；這是要讓它能自由地在它自身中與在它之外描述關係作用。

　　這個論述事實的描述還有第三個優點：藉由將它們從所有作為自然、立即且普遍之統一體的組合中解放出來，我們有了描述其他統一體的可能性，但這次是透過一個受控的決定集合體。只要我們清楚定義其條件，應該就能根據正確描述的關

係來合理建構應該不是任意、但仍然是不可見的論述集合體。當然，這些關係可能永遠不會在所討論的陳述中為其自身而被表述出來（例如，當論述被賦予小說形式，或是被置於數學定理系列之中時，它們就不同於論述本身提出與說出的這些明確關係）。然而，這些關係絕對不會構成某種能從內部激發明顯論述的祕密論述；因此，詮釋陳述事實並不能闡明這些關係，而是要透過它們的共存、接續性、交互作用、相互的決定因素、獨立或相關轉型等的分析。

　　然而，我們要排除以下情況：我們可以在沒有任何基準的情況下描述所有可能如此出現的關係。我們必須大致上接受一個暫時的劃分：那就是必要時，分析會打亂並進行重組的初始範圍。這個範圍要如何界定？一方面，我們必須依經驗選擇一個領域，這個領域裡的關係可能非常繁多、密集，而且相對容易描述：還有哪個領域會比我們通常用科學術語來指稱的領域，有彼此關係更為緊密且更易解讀的論述事件？但是另一方面，除非是處理較不形式化的論述群，而且陳述在此似乎沒有依據純粹句法的規則產生，否則我們要如何以最好的方式在一個陳述中掌握其存在與出現規則的時刻，而不是其形式結構與

建構法則的時刻？除非一開始就提出相當廣泛的領域和時間尺度，否則如何確定我們能擺脫各種劃分，例如作品的劃分，或是擺脫各種範疇，例如影響的範疇？最後是如何確定我們不會被所有這些考慮不周的統一體或綜合體，亦即說話個體、論述主體、文本作者，簡而言之就是所有這些人類學上的範疇所影響？除非也許是要考慮能建構這些範疇的陳述集合體——這些陳述集合體選擇將論述的主體（其自身的主體）當作「對象」，並將其展開成一個認知場域？

這就解釋了為何我賦予這些論述一個特權，我們可以非常簡拓地說這些論述定義了「人的科學」（sciences de l'homme）。但這只是一開始的特權。我們必須牢記兩個事實：論述事件的分析絕對不會被限制在這樣一個領域裡；另一方面，對這個領域本身的劃分不會被視作最終的、也不會是絕對有效的；這裡所涉及的是初步的近似值，它必須能彰顯出某些關係，這些關係或能消除此一初步綱要之諸多限制。

II.

LES FORMATIONS DISCURSIVES

論述的形成

　　因此，我描述了各種陳述之間的諸多關係。我小心翼翼地否認這些可能向我提出且習慣上任我使用的統一體是有效的。我決意不忽略任何不連續性、斷裂、閾值或限制的形式。我決定描述論述場域裡的陳述及它們可能的關係。我看到立即出現兩個系列的問題：一個——這點我暫且擱置，以後再討論——與我粗糙地使用陳述、事件、論述等術語有關；另一個涉及合理描述陳述之間的關係，這些陳述被我們留在暫時且可見的陳

述組合中。

例如，有些陳述被視為——而且是自從一個很容易確定的日期——屬於政治經濟學、生物學或精神病理學；還有一些陳述被視為屬於這些淵遠流長——幾乎沒有開端——的連續性，我們稱為文法或醫學。但是這些統一體是什麼？我們怎麼能說威利斯（Willis）的腦部疾病分析和夏柯（Charcot）的臨床學屬於同一個論述範疇？怎麼能說佩帝（Petty）的發明與紐曼（Neumann）的計量經濟學有連續性？怎麼能說皇家港派（Port-Royal）的文法學家對判斷的分析及印歐語言裡的母音交替辨識，是屬於同一個領域？因此，什麼是醫學、文法、政治經濟學？它們不就只是各門當代科學用來幻想它們自身過去的一個回顧性組合嗎？它們難道都是被斷然建立且絕對會隨著時間自我發展的形式嗎？它們是否涵蓋了其他的統一體？在這些以一種既熟悉又堅決的模式形成謎團的陳述之間，我們可以有效辨識出什麼樣的關聯？

第一個假設——我首先認為這是最有可能、最容易驗證的：形式不同、時間上分散的陳述如果指涉的是單一且相同的對象，就會形成一個集合體。因此，屬於精神病理學的陳述

似乎都與這個在個體或社會經驗中以不同方式被描繪的對象有關，我們可以稱之為瘋狂（folie）。然而，我很快就發現，「瘋狂」這個對象的統一體無法讓陳述集合體個別化，也不能在它們之間建立一種既可描繪又穩定的關係。理由有二。如果我們針對某一特定時間內所謂的瘋狂來質問瘋狂本身的存在、其隱密的內容、關於它自身沉默且封閉的真相，那當然是錯誤的；精神疾病是由在陳述群中說出的一切所構成的，這些陳述為精神疾病命名、劃分、描繪之、解釋之、敘述其發展、指出其多樣的相關性、判斷之，而且視情況借其名義來說出某些論述，並同時闡明這些論述應被視為其論述。但是，尤有甚者；這個陳述集合體遠非與斷然形成的單一對象有關，也不能永遠將它保留下來作為取之不盡的理想性層面；這個由十七或十八世紀醫學陳述提出、作為其相關事物的對象，與司法判決或治安措施描繪的對象是不同的；同樣的，從皮內爾（Pinel）或艾斯奎羅（Esquirol）到布魯勒（Bleuler），精神病理學論述的所有對象也有了變動：無論在此或在彼，我們談的都不是相同的疾病；我們討論的都不是相同的瘋子。

我們可能、或者我們應該從對象的這個多重性中得出一個

結論，那就是不可能承認「有關瘋狂的論述」是一個能建構陳述集合體的有效統一體。也許我們應該只關注僅有單一且相同對象的諸多單一陳述群（seuls groupes d'énoncés）：例如僅限關於憂鬱症或神經官能症的論述。但是我們很快就明白，任一這些論述也都建構了自己的對象並予以加工，直到這個對象完全轉型。因此，問題在於要知道一個論述統一體是否並非由對象的持久性和獨特性所建構，而是由各種對象在其中被剖析並持續轉型的空間所構成。那麼，能讓有關瘋狂的陳述集合體個別化的特徵關係難道就不是如下：在此被命名、描述、分析、重視或批判的各種對象，它們同時或相繼出現的規則呢？關於瘋狂的論述統一體也許不是奠基於「瘋狂」這個對象的存在或客觀性單一層面的建構之上；這應該是一個規則作用，讓對象有可能在某一既定時期內出現：這包括了由歧視（discrimination）和壓抑（répression）等措施來劃分的對象，在日常實踐、法學、宗教決疑論、醫學診斷中相互區別的對象，出現在病理學描述中的對象，被藥典或處方、治療、照護界定的對象。此外，有關瘋狂的論述統一體可能就是這些規則的作用，這些規則要定義這些不同對象的轉型、它們隨時間而產生的非同一性、它們

之間產生的決裂、中止其持久性的內部不連續性。矛盾的是，要在具有個別性的事物中定義一個陳述集合體，就要描繪這些對象的分散狀況、掌握分開它們的所有縫隙、測量它們之間保持的距離——換句話說，就是明確表達它們的分布法則。

第二個假設的目的則是在陳述之間定義一個諸關係的群體：也就是它們的形式與連貫性之類型。例如，我曾認為自十九世紀起，醫學科學的特徵與其說是它的對象或概念，不如說是某種風格（style）、某種聲明的恆定特性。這是醫學首次不再是由傳統、觀察、各種處方的集合體構成，而是由認知素材建構而成，此一認知素材意味著看待事物的方法相同、感知場域的分區控管（quadrillage）相同、依身體可見空間而對病理學事實有相同的分析、用相同的轉錄系統（相同的詞彙、相同的隱喻）將我們所感知到的轉成我們所說的；簡而言之，我曾認為醫學的組織就像是一系列的描述性陳述。但是我們必須再次放棄這個一開始的假設，並承認臨床論述既是有關生死假設、倫理選擇、治療決策、制度規則、教學模式的假設集合體，也是一個描述的集合體；承認後者無論如何都不會是前者的抽象部分，而且描述性聲明只不過是出現在醫學論述裡的表達之

一。我們也要承認，這種描述不斷在移動：這可能是因為自畢夏（Bichat）到細胞病理學以來，我們已經移動了它們的尺度和基準；或是因為從視診、聽診、觸診，到顯微鏡與生物學檢測的使用，這個信息系統已經有所修改；又或者是因為從簡單的解剖—臨床相關性到詳細的生理病理學分析，符號詞庫與其破譯已經被完全重新建構；或者最後是因為醫生本身漸漸不再是信息的紀錄與詮釋者，而且在他周圍及在他本身之外，已經建構了大量的文獻、相關性工具和分析技術，醫生當然會使用這些東西，但是就患者而言，它們也改變了醫生作為觀察主體的位置。

所有這些在今日也許會將我們帶向新醫學閾值的變異因素，都在十九世紀慢慢沉澱於醫學論述中。若我們想要藉由一個被編纂與規範的聲明系統來定義此一論述，就必須承認這種醫學一出現就消散了，而且幾乎只有畢夏與雷奈克（Laennec）曾提過。若有統一體，那麼它的原則就不會是陳述的某種確定形式；那會不會是各種規則的集合體？這些規則同時或逐一讓純粹感知的描述成為可能，也使儀器觀察、實驗室的實驗紀錄、統計學計算、流行病學或人口統計的觀察、制度規則、治

療處方成為可能。我們應該加以特徵化和個別化的，正是這些分散且異質之陳述的共存現象；支配其分布的系統、它們相互倚靠的支持點、它們相互參與或排斥的方式、它們承受的轉型，以及它們的接替、安排與替代的作用。

　　另一個研究方向、另一個假設如下：我們不能透過確定可在陳述群中發揮作用的持久與一致之諸概念的系統來建立陳述群嗎？例如，對於從朗斯洛（Lancelot）至十八世紀末的古典主義者來說，語言和文法事實的分析不就是奠基於一定數量的概念嗎？這些概念的內容和用法已經被斷然建立了：判斷（jugement）的概念被定義成所有句子的普遍暨規範性形式，主體（sujet）和屬性（attribut）的概念被歸類在名詞（nom）這個更普遍的範疇中，動詞（verbe）這個概念被當作邏輯系詞（copule logique）的同等概念來使用，詞（mot）被定義成一種表述（représentation）符號，諸如此類。如此一來，我們應該可以重建古典文法的概念架構。但是我們應該還不會遇到限制：我們大概很難用這些要素來描繪皇家港派的作者所做的分析；很快地，我們就不得不注意到新概念的出現；其中一些或許衍生自舊有的概念，但是其他的對它們而言是異質的，有些

甚至與它們不相容。自然或換置的句法次序這樣的觀念及十八世紀由博澤（Beauzée）引入的補語（complément）觀念，大概也可以整合進皇家港派的文法概念系統中。但無論是聲音的原初表達價值、涵蓋在字詞裡並以隱晦方式傳遞的原始知識、子音變動的規律性、或是把動詞的概念當作是能指明一個動作或一項操作的普通名詞，這些觀念與朗斯洛或杜克羅（Duclos）可能使用的所有概念都不相容。在這些條件之下，我們是否必須承認文法只是在表面上建構了一個一致的形態；還有這個以此名義持續了一個多世紀的陳述、分析、描述、原則與後果、推論的集合體，這是一個錯誤的統一體嗎？然而，如果我們不是從概念的一致性去探究論述統一體，而是在這些概念同時或接續出現、在它們的差別、在將它們分開的距離以及可能在它們的不相容性方面去探究，那麼我們或許會發現這個論述統一體。因此，我們將不再尋求一種相當普遍且抽象的概念架構來闡明所有其他概念，並將它們引入同一個演繹構造中；我們將試著分析它們出現與分散的作用。

最後是第四個假設，目的在於重組陳述、描述它們的連貫性、闡明它們出現時的統一形式：那就是主題的同一性和持

續性。針對經濟學或生物學這類一定會引起論戰、易受哲學或道德選擇的影響、在某些情況下很容易就成為政治用途的「科學」，首先就審斷假設有某個主題可以連結、活絡一個論述集合體，就像是一個有自身需求、內在力量和生存能力的有機體，這是正當的。例如，我們能不能將從布豐（Buffon）到達爾文（Darwin）所有構成進化論主題的事物建構成一個統一體？這個主題首先更具哲學性，而非科學性，更接近宇宙學，而非生物學；這個主題比較像是從遠處來指導研究，而不是命名、掩蓋和解釋成果；這個主題所假設的永遠比我們所知道的還多，但它被迫以這個基本選擇將被勾畫成假設或要求的事物轉型為論述型知識。我們能不能以同樣的方式來談論重農主義的主題？這個觀念在所有論證之外以及在所有分析之前，假設了三種地租的自然特徵；由此，它假設了土地性質在經濟上和政治上的首要地位；它排除了所有對工業生產機制的分析；另一方面，它描述了貨幣的國內循環、貨幣在不同社會範疇之間的分配、貨幣返回生產的各種渠道；它最終導致李嘉圖（Ricardo）詰問這三種租金不會出現的各種狀況，以及它們可能形成的條件，並從而揭露了重農主題的武斷？

但是，以這樣的嘗試為基礎，我們進行了兩種相反但互補的觀察。在一種情況下，相同的主題從兩種概念、兩種分析類型、兩個完全不同的對象領域來表達：例如進化論這個觀念，就其最普遍的表達來說，貝諾瓦·德·馬耶（Benoît de Maillet）、波爾德（Bordeu）或狄德羅（Diderot）、達爾文的觀念或許是相同的；但事實上，無論在此或在彼，使這個觀念成為可能且一致的事物都不會是相同的。在十八世紀，進化論觀念是由物種同源性來定義的，此一同源性從一開始就形成了一種被規定的連續體（只有自然災害才有可能中斷之），或是隨時間的推移而逐漸構成的連續體。在十九世紀，進化論主題很少涉及物種的連續圖表之建構，而是關注於描述不連續群、分析所有要素都有連帶關係的有機體，與為該有機體提供生活之真實條件的環境這兩者之間的交互作用形態。主題只有一個，但是有兩種論述類型。相反的，在重農主義中，奎奈（Quesnay）的選擇基礎與功利主義者所持的相反意見是同一個概念系統。當時的財富分析還包含了相對有限但被所有人接受的概念作用（我們對貨幣有相同的定義；我們對價格有相同的解釋；我們以相同的方式來確定勞動成本）。然而，以這唯

一的概念作用為基礎，我們可從交換或工作日酬的角度進行分析，進而產生兩種解釋價值形成的方式。這兩種可能性都屬於經濟理論與其概念作用的規則，它們從相同的要素裡產生了兩種不同的選項。

因此，想要在這些主題的存在中探索一個論述的個別化原則，大概是錯誤的。我們不是應該在不受論述束縛的選擇點中去尋找這些原則嗎？這難道不是論述開啟了各種可能性，例如重現現存的主題、激起對立的策略、取代以不可協調的利益、以確定的概念作用來運作不同的部分？與其尋找主題、圖像和意見穿越時間的持久性，與其描繪它們為了讓陳述集合體個別化而產生的衝突辯證法，我們難道不能標定選擇點的分散性，並在所有選項及主題偏好之內去定義一個諸多策略可能性的場域嗎？

因此，我面臨了四次嘗試、四次失敗——以及四個接替的假設。現在我們必須加以驗證。關於這些我們習以為常的陳述大類——我們稱為醫學、經濟學、文法——我想知道它們是根據什麼來建立自己的統一體。是根據完整、緊實、連續、地域上明確劃分的對象領域嗎？在我看來，這些比較像是有空隙

且混雜的系列，是差異、差距、替代、轉型的各種作用。是根據聲明的明確與規範性類型嗎？但是我發現了一些層次如此不同、功能如此異質的表達，導致它們難以結合並組成一個單一形態，也難以穿越時間在諸多個別作品之外偽裝成某種不間斷的大型文本。是根據定義明確的觀念字母表嗎？但我們面對的是在結構和使用規則上不相同的概念，它們彼此無關或相互排斥，而且無法進入邏輯結構的統一體之中。是根據主題的持久性嗎？然而，我們發現的卻是各種策略上的可能性，這些可能性能激發不相容的主題，或甚至讓同一個主題出現在不同的集合體中。由此，我產生了一個觀念，就是要描繪這些分散本身；要知道在這些要素之間，我們是否能標定出一個規律性，這些要素的組織當然不同於一個逐步演繹的構造，也不同於穿越時間慢慢寫成的書籍或是集合主題的作品：它們相繼出現的次序、其同時性中的相關性、在公共空間中可被指稱的位置、相互作用、相關且有等級之分的轉型。這種分析不會為了描述它們的內部結構而試圖抽離一連串的一致性；這種分析的任務不是懷疑與揭露潛伏的衝突；它是要研究分布的形式。尤有甚者：它不重建推理鏈（chaînes d'inférence）（就像科學史或哲學史

通常會做的那樣），它也不建立差異表（tables de différences）（就像語言學家所做的那樣），而是去描述分散的諸系統（systèmes de dispersion）。

如果我們可以在若干陳述之間描述這樣一個分散系統，如果我們可以在對象、聲明類型、概念、主題選擇之間定義某種規律性（一種次序、各種相關性、各種位置和運作、各種轉型），我們習慣上會說這是在處理一種論述形成（formation discursive）──從而避開了有過多條件與後果、不適合用來指稱像「科學」、「意識形態」、「理論」或「客觀性領域」這種分散的字詞。我們將稱控制此一分布要素（對象、聲明模式、概念、主題選擇）的諸條件為形成的規則（règles de formation）。這些規則都是在既定論述分布中的存在條件（也是共存、維持、修改和消失的條件）。

這就是現在必須探索的場域；這些就是必須驗證和分析的觀念。我知道風險不小。我第一次標定時，使用了某些相當鬆散但大家熟悉的組合：但沒有什麼能證明我可以在分析結束後找回它們，也無法發現它們的界定和個別化原則；對於我抽離出來的這些論述形成，我不確定它們是否會以醫學的總體統一

體（unité globale）來定義醫學，以經濟學和文法的歷史目的集合體曲線來定義經濟學和文法；我不確定它們是否會帶來不可預見的劃分。同樣的，沒有什麼能向我證明，這樣一個描述可以闡明這些論述集合體的科學性（或非科學性），我曾將這些論述集合體當作切入點，它們一開始就以自認為具有某種科學合理性的方式來呈現；沒有什麼能向我證明，我的分析不會處於一個完全不同的層次，並構成一個不可化約為知識論或科學史的描述。也有可能在這個研究結束時，我們無法取回這些因方法學上的考量而被擱置的統一體：我們被迫打散諸多作品、忽視影響和傳統、徹底放棄起源的問題、讓作者不可動搖的在場（présence）消失；因此，所有構成觀念史的一切都會消失。總而言之，這是在冒險，因為我們沒有為已存在的事物提供一個基礎，沒有粗略地重新審視，沒有因這個回歸和最終確認而感到安心，沒有完成這個良好的循環，這個循環宣稱在歷經無數計謀和無數黑夜後，一切終於獲得解決，而是被迫越過熟悉的境況，遠離習慣的保障，在我們尚未建立分區控管之處朝向一個難以預料的終點前進。至此，所有保護歷史學家並伴隨他直至式微的一切（合理性的命運和各種科學的目的論、思想穿

越時間且持續的長期工作、意識的覺醒和進步、意識透過自身而獲得永久的恢復、未完成但不間斷的整體化運動、回歸一個始終開放的起源、歷史—先驗的主題），這一切難道就沒有消失的風險——也就是會不會為分析釋出一個空白、冷漠、沒有內在性與承諾的空間？

III.
LA FORMATION DES OBJETS

對象的形成

　　我們現在必須清點一下這些被開啟的方向，看看能否為這個剛剛勾勒出的「形成的規則」觀念提供一些內容。首先是對象的形成。為了便於分析，我們以十九世紀以來的精神病理學論述為例。我們採用乍看之下很容易接受的時間順序分段。我們有足夠的跡象來指出此一現象。但我們只提出其中兩例：在世紀之初，設置了一個排斥瘋子並將他關進精神病院的新模式；將某些當前觀念的系列回溯至艾斯奎羅、海因洛特

（Heinroth）或皮內爾的可能性，例如妄想症（paranoïa）可回溯至偏執狂（monomanie），智商可回溯至最初的低能觀念，從麻痺性癡呆（paralysie générale）回溯到慢性腦炎，從性格上的神經官能症（névrose de caractère）回想到非譫妄性的瘋狂；然而當我們想沿著時間追溯至更早之前，卻馬上失去蹤跡，線索變得混亂，而且杜勞倫（Du Laurens）或甚至馮・斯維登（Van Swieten）對克雷佩林（Kraepelin）或布魯勒的病理學投射也只不過是一些隨機巧合。然而，自從這個中斷後，精神病理學處理的對象變得極為繁多，有很大一部分都是新的、相當不確定的、不斷在改變的，而且有些注定很快就會消失：除了運動機能失調（agitations motrices）、幻覺及胡言亂語（儘管是以另一種方式被承認、界定、描述與分析，但它們已被當作是瘋狂的表現），還有一些在此之前從未被用過的類別也出現了：例如輕微的行為障礙、性異常與性障礙、暗示和催眠的行為、中樞神經系統病變、智力或運動的適應缺陷、犯罪。以每一個這些類別為基礎，有許多對象被命名、限制、分析，接著被校正、重新定義、爭議、刪除。我們能否建立它們出現時要遵循的規則？我們是否能知道根據哪個非演繹系統，這些對象可以相互

並列、相繼接替，並形成精神病理學支離破碎──有的部分不完整，有的則過多──的場域？它們作為論述對象的存在體系是什麼？

a) 首先必須標定它們出現（émergence）的主要表層（surface）：指出這些個體差異性可能會在哪裡出現，以便隨後能被指稱與分析，這些個體差異性根據合理化程度、概念代碼與理論類型，被賦予疾病、錯亂、異常、神經官能症或精神病、退化等等地位。這些出現的表層在不同的社會、不同的時代、不同的論述形式中都不一樣。以十九世紀的精神病理學來說，它們可能是由家庭、相近的社會群體、工作場所、宗教團體構成的（這些地方都是有規範性的，對偏差很敏感，都有容忍限度和排斥閾值，它們都有一種指稱及拒絕瘋狂的方式，它們將治癒或治療的責任、或至少是解釋的義務轉交給醫學）；儘管這些出現的表層是以一種特別的方式組成，但它們在十九世紀都不

是什麼新穎的事物。另一方面，新的顯現表層大概就是在這個時代開始發揮作用的：例如有自身規範性的藝術、性（相較於慣常的禁令，性的偏差首次成為精神病學論述標定、描述與分析的對象）、刑罰（然而瘋狂在以前都被小心翼翼地與犯罪行為分開，並成為一種藉口，但犯罪本身自著名的「殺人偏執狂」出現以來，卻變成一種或多或少類似於瘋狂的偏差形式）。在這些初步分化的場域裡，在表現於其中的距離、不連續性和閾值裡，精神病學論述找到了限制其領域、定義其所言、賦予其一個對象地位的可能性——從而找到使其出現、使其可命名且可描述的可能性。

b) 此外，我們也必須描述界定的審斷（instances de délimitation）：醫學（作為被規定的機構，作為構成醫生行業的個體集合體，作為知識與實踐，以及作為輿論、司法與行政認可的權能）在十九世紀成為社會上將瘋狂當作區分、指稱、命名與設

定對象的主要審斷；但它並不是唯一扮演這個角色的審斷：司法、特別是刑法（隨同對辯解、無責任、可酌量減刑之情況的定義，還有激情犯罪、遺傳、危害社會等觀念的使用）、宗教權威（只要它被確定為區分神祕與病理學、精神與肉體、超自然與不正常的決策審斷，而且意識到這是對個體的認知、而不是對行為與情勢進行決疑論的分類）、文學與藝術批評（十九世紀時，這種批評越來越不將作品當作是必須評判的品味對象，而是日益將它當作是必須詮釋的語言，我們必須能在其中辨識出作者的表達手法）。

c) 最後是分析規範的網格（grille de spécification）：這與系統有關，根據這些系統，我們將作為精神病學論述對象的不同「瘋狂」予以分開、比對、聯合、重組、分類、相互衍生（這些都是十九世紀時的分化網格：靈魂被視作有分級的、相鄰的、或多或少可相互滲透的官能群；身體是器官的三

維容積，這些器官透過依賴與交流模式來連結；個人的生活和歷史就像是各階段的線性接續、脈絡的錯綜複雜、可能重啟的集合體、週期性的重複；神經心理學的相關性作用則被視為相互投射的系統，以及循環因果關係的場域）。

這樣的描述本身仍不夠周全。原因有二。我們剛才標定的這些出現層面、界定的審斷或是規範的形式都沒有提供完整建構與裝備的對象，讓精神病理學論述只需接著清點、分類與命名、挑選這些對象，最後披覆上字句即可：因為這並不是家庭——以及其規範、禁令、敏感性的閾值——就能確認瘋子並建議「患者」接受精神病學家的分析或判定；這並不是法學本身就能根據某個謀殺案，向精神醫學宣稱這就是一種偏執的譫妄，或懷疑性犯罪是一種神經官能症。論述完全不是已事先確立的對象被堆積與加疊的地方，就像一個單純的紀錄表層。但上述清單不夠充分的原因還有第二點。它一個接一個地標定可能讓各種論述對象出現的多個分化層面。但是這些層面之間有什麼樣的關係呢？為什麼是這種清單，而不是另一種？

我們認為能以這種方式劃定出什麼樣明確且封閉的集合體？若我們只知道一系列不同且異質、沒有關聯亦無可指稱之關係的決定因素，那我們要如何談論「形成的系統」（système de formation）？

事實上，這兩個系列的問題都可歸向同一點。為了掌握這一點，我們還是僅限用前述的例子。在十九世紀精神病理學處理的領域中，我們知道很早（自艾斯奎羅起）就出現一系列屬於輕罪的對象：謀殺（以及自殺）、激情犯罪、性侵害、某些偷竊形式、流浪——還有它們衍生出來的遺傳、神經源性環境、攻擊或自我懲罰的行為、變態、犯罪衝動、易受暗示等等。因此，說我們在此處理的是某個發現的結果，這並不恰當：因為這只是一名精神病學家在某天辨認出了犯罪行為與病理行為之間的相似之處；是在某些輕罪犯身上發現了典型的異化（aliénation）跡象。這些事實都超越了當前的研究範圍：事實上，問題在於知道是什麼使它們成為可能，這些「發現」如何在隨後又有其他發現，並被後者重新採用、校正、修改或可能取消。同樣不恰當的是將這些新對象的出現歸因於十九世紀布爾喬亞社會特有的規範、被強化的治安與刑罰分區控管、新刑

事法典的建立、可酌量減刑之情況的引進與使用、犯罪行為的增加。所有這些過程實際上大概都發生了；但它們不能單獨形成精神病學論述的對象；想要繼續在此一層次上進行描述，這次我們應該會一無所獲。

倘若在我們的社會裡、在一個確定的時代中，輕罪犯曾被賦予心理學和病理學的特徵，倘若違犯行為會產生一整個系列的知識對象，那是因為在精神病學論述中，有一個確定關係的集合體在運作。這包括了規範層面如刑罰範疇與減輕責任程度，及心理特徵層面（官能、才幹、發展或退化程度、對環境的反應模式、性格類型、後天的、先天的或遺傳的）之間的關係。醫療決策審斷和司法決策審斷之間的關係（這個關係確實複雜，因為醫療決策雖然絕對承認司法審斷對犯罪的定義、對犯罪情境與應受罰則的確立；但仍保留了分析犯罪起源與評估所承擔之責任的權力）。以下兩種濾網之間的關係：由司法審訊、警方情資、調查與整個法律信息機關建構的濾網，以及由醫學調查、臨床檢查、病史追蹤和病歷建構的濾網。下列兩者之間的關係：一是家庭規範、性規範、個體行為的刑罰規範，二是病理症狀暨其預示之疾病的圖表。還有醫院裡的治療性限

制（及其特定的閾值、治癒標準、界定正常與病態的方式）與監獄中的懲罰性限制（及其懲罰與教育的系統，它對良好行為、改正與獲釋的標準）之間的關係。正是這些關係在精神病學論述中發揮作用，使它們能形成一個包含不同對象的集合體。

讓我們做個總結：十九世紀時，精神病學論述的特徵並不是特別的對象，而是這個論述形成其對象的方式，不過這些對象相當分散。這種形成由出現、界定與規範等審斷之間建立的關係集合體來確保。因此我們可以說，如果我們能建立這樣一個集合體，如果我們能指出相關論述的任一對象如何在其中找到自己出現的地點和法則；如果我們能指出論述可在自身不被修改的情況下，同時或連續產生相互排斥的對象，那麼一個論述形成就能被定義（或至少就其對象而言）。

由此產生了以下注意事項和結果。

1. 論述對象出現的條件，讓我們可以就此「說某件事」以及讓少數人可以就此說不同事物的歷史條件，讓論述對象處於一個與其他對象有同源關係的領域，並讓它能與它們建立相似、相鄰、遠離、

差異、轉型等關係的條件——我們見到這些條件既繁多又沉重。這意味著我們不能在任何時代暢所欲言；說出某個新事物是不容易的；光是睜大眼睛、集中注意或保持意識，這都不足以讓新對象立即熠熠生輝並如閃光般突然顯現。但此一困難不僅是負面的；我們更不應該將它與某種障礙聯繫在一起，這種障礙專事蒙蔽、妨礙、阻撓發現，以及掩飾明顯之事的純粹性或事物本身的沉默固執；對象不會在模糊狀態中等待一個能解放它、讓它在一種可見與健談的客觀性中體現的次序；它不會先於自身而存在，它被某種障礙擋在光明的邊緣。它存於一堆複雜關係的積極條件下。

2. 這些關係是在制度、經濟與社會過程、行為形式、規範系統、技術、分類類型、特徵描繪模式之間建立起來的；而且這些關係並不存於對象之中；它們並不是在分析對象時被展開的事物；它們沒有勾勒出對象的網狀結構、內在合理性，這個理

想的骨架在我們思考對象的概念真理時，會全部或部分再現。這些關係並沒有定義對象的內部結構，而是定義什麼能讓它出現、與其他對象並列、確定自身相較於其他對象的位置，並定義其差異、不可化約性或異質性，簡而言之，就是將它置於一個外部性場域中的事物。

3. 這些關係首先要與我們可稱為「初級的」關係做出區分，這些關係獨立於任何的論述或論述對象，可在制度、技術、社會形式等等之間加以描述。畢竟，我們很清楚十九世紀在布爾喬亞家庭、司法審斷與範疇的運作之間存有一些關係，我們可以對這些關係本身進行分析。然而，它們並非永遠都能加疊至那些形成對象的關係上：例如可以在此一初級層次指稱出來的依賴關係，不一定會被表達在使論述對象成為可能的關係建立中。但是，我們也必須區分可以被明確表達在論述本身裡的次級關係（rapport second）：例如我們很清楚，

十九世紀精神病學家對家庭和犯罪之關係的看法，並不能重現真實的依存作用；而且也不能重現使精神病學論述的對象成為可能並獲得支持之關係的作用。這因而開啟了一個有各種可能描述的清楚空間：初級或真實關係（relations primaires ou réelles）的系統、次級或反射性關係（relations secondes ou réflexives）的系統、可以確切稱為論述關係（relations discursives）的系統。問題在於要彰顯後者的特殊性以及與其他兩種關係之間的作用。

4. 如我們所見，論述關係並非位於論述內部：它們之間不會將概念或字詞聯繫起來；它們不會在句子或命題之間建構一種演繹或修辭的架構。不過，這些也不是外在於論述的關係，這些關係會限制論述、或是將某些形式強加給它、或是在某些情勢下強迫它陳述某些事物。就某種程度上來說，這些關係是論述的極限（limite du discours）：它們為論述提供了論述能談論的對象，或者更確切

地說（因為這個提供的形象假設對象形成於一邊，而論述則在另一邊形成），它們確定了論述為了談論各種對象，為了能對它們加以處理、命名、分析、分類、解釋等等而必須執行的一堆關係。這些關係形容的不是論述使用的語言，也不是論述在其中展開的情勢，而是作為實踐的論述本身。

現在，我們可以結束分析，評估它實現了哪些部分，還有它改變了原初計畫的哪些部分。

關於這些以一種堅決但令人困惑的方式表現成精神病理學、經濟學、文法、醫學等集合體的形態，我們想知道能建構這些形態的是何種統一體：這些形態只是以諸多獨特的作品、各種連續的理論、各式觀念或主題（部分已經被拋棄，還有一些被傳統保留下來，其餘雖已被遺忘但又再次出現）為基礎的事後重建嗎？它們只是一系列相關的舉動嗎？

我們曾經在對象本身、其分布、其差異性的作用、其相近性或疏遠性等方面──簡而言之，就是在賦予說話主體的事物裡──尋找論述的統一體：而且我們最終被引至一個能形容

論述實踐本身的關係建立上；因此，我們發現的不是一種配置或一種形式，而是一種規則（règle）的集合體，這些規則位於實踐之內且定義了實踐的特殊性。另一方面，我們曾使用像精神病理學這樣的「統一體」作為基準：因為，如果我們想要為它確定一個出現的日期和精確的領域，大概就要找出字詞的出處，定義它可以應用在哪種分析風格，以及它如何一方面與神經學劃分、另一方面與心理學劃分。然而我們揭示的，卻是另一種類型的統一體，它很可能沒有相同的日期，也沒有相同的表層或表達，但是它可以闡明一個對象集合體，對這些對象來說，精神病理學這個術語只不過是一個反射性的、次要的與分類性的標題。總之，精神病理學表現為一門學科，不斷在更新、發現、批判、校正錯誤；而我們定義的形成系統則保持不變。但是我們要明白：保持不變的不是對象，也不是它們形成的領域；甚至不是它們的出現點或特徵化的方式；而是可能讓對象出現、被界定、被分析與被詳述的表層關係。

我們知道：在我剛剛試著進行的理論描述中，問題不在於詮釋論述以便透過它來產生一個參照（référent）的歷史。在選用的例子裡，我們並沒有試圖理解在某一特定的時代裡，誰是

瘋子、為什麼發瘋、他的錯亂是否與我們今日所熟知的一樣。我們不質疑巫師是不是遭到忽略與迫害的瘋子，或者在另一個時代裡，一個神祕或美學的經驗是否被不適當地醫學化。我們並不試圖重建瘋狂本身可能是什麼，正如它可能首先表現為一些原始的、基本的、隱約的、難以表達的經驗[*]，又正如它隨後就會被論述與其操作的、通常是扭曲的間接作用所組織（體現、扭曲、偽裝、或許被壓制）。這種參照的歷史大概是有可能的；我們不排除一開始就力圖從文本中清除與釋放這些「前論述性的」（prédiscursif）經驗。但是，這裡的問題不在於使論述中立化、讓它成為另一事物的符號、深入其中以便觸及靜靜地存在它內部的事物，而是相反的，要保持它的確實性，讓它在自己的複雜性中出現。總之，我們真正想要的是排除「事物」（choses）。要將它們「去呈現化」（dé-présentifier）。要避開它們豐富、厚重與立即的飽滿性，我們通常會將其當作一種論述的原始法則，只有透過錯誤、遺忘、幻覺、無知、或是信仰與傳統的慣性、或甚至也許是無意識的不看也不說的慾望，才能與之分開。我們以只在論述中呈現之對象的規律形成，來取代論述出現前的那個「諸事物」的神祕寶藏。

要定義這些對象（objets），且無須參照事物的基底（fond des choses），而是將它們與一個規則集合體聯繫起來，這些規則能讓我們將它們形成論述的對象，從而建構了它們的歷史出現條件。要著手一個論述對象的歷史，不是要讓這些論述對象深入共同的來源地，而是要展現能支配其分散之規律性的關聯。

然而，省略「諸事物本身」的時刻，不意味著必然會參照意義的語言分析。當我們描述論述對象的形成時，我們會試著標定能形容一個論述實踐的關係建立，我們不會確認詞彙的組織或語義場域的斷節（scansion）：我們不質疑「憂鬱」（mélancolie）或「無譫妄之瘋狂」（folie sans délire）這兩個字詞在某一時代裡的意義，或是「精神病」（psychose）與「神經官能症」（névrose）在內容上的對立。再者，這不是因為這樣的分析會被視作不合理或不可能；而是如果想知道例如犯罪行為如何成為醫學專業的對象，或是性偏差如何成為精神病學

---

*　　這與《古典時代瘋狂史》裡一個明確的主題相對立，這個主題顯然多次在序言中出現過。

論述的可能對象，那麼這樣的分析是不恰當的。詞彙內容的分析定義了說話主體在一個特定時間內擁有的意義要素，或是出現在已說論述之表層上的語義結構；它不涉及將論述實踐當作各種錯綜複雜的——同時是加疊與有空隙的——對象形成、變形、出現與消失之處。

評論家的洞察力在此沒有出錯：在我進行的這類分析中，詞（mots）也像物（choses）本身一樣被刻意排除；對詞彙的描述就像對豐富經驗的使用一樣缺乏。我們不會回到論述之內——在那裡，什麼都還未被說出，而事物幾乎很難在灰暗之中顯露；我們不會越過論述去找回它曾部署但已拋在身後的形式；我們堅持、我們試著在論述本身的層次上堅持著。由於有時必須詳述最明顯的微小缺欠，我認為在所有這些我剛著手的研究中，我想要指出的是，「論述」，正如我們可以聽見、可以在其文本形式中閱讀到的，並不像我們所期望的那樣，只是物與詞純粹且簡單的交錯：有事物的隱晦網絡，有一串明顯、可見且多姿多采的字詞；我想要指出的是，論述並不是真實和語言之間一個接觸或對接的淺薄表層，或是詞彙與經驗的混雜體；我想要以明確的例子來說明，透過對論述本身的分析，我

們見到詞和物看似非常強烈的束縛鬆開了，出現了一組論述實踐特有的規則。這些規則定義的不是一個現實的默然存在，不是一個詞彙的規範使用，而是對象的體系。「詞與物」，這是一個問題的嚴肅標題；這是一項研究的諷刺標題，這項研究改變了其形式、移動了其數據，最終揭示的是另一項完全不同的任務。這項任務不在於——不再是——將論述當成符號集合體（把能指要素歸結到內容或表述），而是當成系統性形成其談論對象的實踐。當然，論述是由符號組成的；但是它們所做的不僅是使用這些符號來指稱事物。正是這個不僅是（plus），使得論述不可被化約成語言和話語。我們必須揭示和描述的，正是這個「不僅是」。

IV.
LA FORMATION DES MODALITÉS ÉNONCIATIVES

陳述形態的形成

定性描述、傳記式記述、標定、符號的詮釋與印證，以及透過類比、演繹、統計估計、實驗驗證而獲得的推論，還有許多其他的陳述形式，這些就是我們可在十九世紀醫生的論述中找到的。它們之間的連貫性和必要性為何？為什麼是這些，而不是其他的？我們必須找到所有這些不同聲明的法則，以及它們的來源。

a) 第一個問題：誰在發言？在所有說話個體的集合體中，誰有充分的理由掌握這種類型的語言？誰是擁有者？誰能從中獲得獨特性、威信？反過來說，它又從哪裡獲得如果不是真理的擔保，但至少也是對真理的推定？那些擁有法定或自動被接受的合法或傳統權利、可以講出這種論述的個體，而且也只有他們可以講，其地位為何？醫生的地位包括了能力——與知識的標準；制度、系統、教育規範；讓知識有實踐與試驗權利——但並非沒有設限——的法律條件。它也包括了一套表示他與其他個體或其他群體有區分及關係的系統（屬性的劃分、有等級的隸屬、功能的互補，還有信息的需求、傳遞與交流），這些個體或群體本身也有自己的地位（以及政治權力暨其代表、司法權力、不同的專業團體、宗教團體，必要時還有神父）。它亦包含了若干特徵，可以定義他相較於整個社會的功能（公認的醫生角色，這取決於他是被私人請來，或是被社會以或多或少強

制的方式徵召，他是否在執行業務或是身負職權；
在不同情況下獲得承認的干預權及決定權；要求
他作為人口、群體、家庭與個人健康的監督者、
守護者、擔保者；他從公共財富或個人財富中提
取的部分；他與其所在的團體、交付其一項任務
的權力當局，或是他與向他尋求建議、治療、治
癒的患者之間所簽訂的明確或默認的契約形式）。
在所有的社會和文明形式中，醫生這個地位通常
是很特殊的：它從來就不是一個普遍或可互換的
角色。不是任何人都可以發表醫學話語；它的價
值、它的有效性、它的治療能力本身，以及更普
遍來說它作為醫學話語的存在，這些都不能與依
法定義的醫生角色分開，這個角色有權闡明這個
醫學話語，聲稱它有能力避免痛苦和死亡。但是
我們也知道，在西方文明中，此地位於十八世紀
末、十九世紀初有了深刻的改變，當時人民的健
康已經成為工業社會要求的經濟規範之一。

b) 我們也必須描述從哪些制度的場址（emplacement），
醫生能發表其論述，而且這個論述可以找到其正
當來源和應用點（它的特定對象和驗證工具）。
這些場址在我們的社會中包括如下：醫院，這是
一個由有區分且等級分明的醫務人員負責進行持
續性的、編碼化的、系統化的觀察的地方，從而
建構了一個可量化的就醫率場域；私人診療，這
裡提供了一個觀察上更隨機、更不完全、數量更
少的領域，但有時這些觀察的時間範圍更長，能
對前因和環境有更好的認識；實驗室，這是一個
長期與醫院有別的獨立地點，這裡建立的是有關
人體、生命、疾病、病變的一般真理，也提供了
某些診斷要素、演變跡象、治癒標準，而且允許
進行治療試驗；最後是可稱為「圖書館」或文獻
場域的地方，這裡不僅囊括了傳統上被認為有價
值的書籍或專論，也包含了所有被公開與傳遞的
彙報和觀察結果，以及大量的統計信息（關於社
會環境、氣候、流行病、死亡率、病發率、傳染

源、職業病），這些都可由行政部門、其他醫生、社會學家、地理學家提供給醫師。再者，醫學論述的這些不同「場址」在十九世紀已經有了深刻的改變：文獻的重要性不斷增長（書籍或傳統的權威相對減少了）；醫院曾經只是疾病論述的補充場所，其重要性與價值並不如私人診療（曾經任其在自然環境中發展的疾病，到了十八世紀必須在此揭示它如植物生長般的真相），但現在醫院成為系統性暨同質性觀察、大規模對照、建立就醫率和概率、消除個體變異的地點，簡而言之，它就是疾病出現的地點，它不再是醫生眼中展現其基本特徵的獨特類別，而是作為一般過程，具有其重要標定、限制、演化機會。同樣在十九世紀，日常醫學實踐與實驗室合為一體，成為具有與物理、化學或生物學相同實驗標準的論述之地。

c) 主體的位置也由他相較於對象的各種領域或群體而可能身處的境況來定義：就某種無論明確與否

的詰問框架來看，他是提問的主體，就某種信息規劃來說，他是聆聽的主體；依特徵圖表來說，他是觀看的主體，根據描述類型，他是批注的主體；他位於一個最佳的感知距離，這個距離的界線界定了相關信息的核心；他使用工具性媒介，這些媒介修改了信息的尺度，移動了主體相較於平常或立即感知層次的位置，確保他能從表層過渡到深層，使他能遊走於身體內部的空間—從明顯的症狀到器官、從器官到組織、最終從組織到細胞。除了這些感知狀況，我們還必須加入主體在信息網絡中可能占據的位置（在理論教學或醫院教育中；在口頭交流或書寫文獻系統中：作為觀察結果、彙報、統計數據、一般理論命題、計畫或決策的發送者和接收者）。醫學論述主體可能身處的各種境況都在十九世紀初被重新定義，連同另一個完全不同的感知場域的組織（這個場域被部署在深處，透過工具的交替來表達，以外科技術或解剖方式來展現，並被集中在病灶周

圍），並設置了紀錄、批注、描述、分類、數值
系列與統計整合等新系統，建立了教學、信息流
通與其他理論領域（各種科學或哲學）及其他制
度（行政、政治或經濟方面）之關係等新形式。

　　如果說在臨床論述裡，醫生依次是至高無上的直接提問
者、觀看的眼睛、觸摸的手指、符號的解讀器官、已完成之描
述的整合點、實驗室的技術人員，那是因為有一堆關係在發揮
作用。這些關係如下：醫院空間 —— 同時作為協助、純粹暨
系統性觀察，以及部分經過驗證、部分實驗性之治療法的場
所，以及一套人體感知技術與代碼 —— 正如病理解剖學定義
的那樣，這兩者之間的關係；立即觀察的場域和已獲信息的領
域這兩者之間的關係；醫生的治療者角色、他的教育者角色、
他作為醫學知識傳播者的角色、他在社會空間中作為公共衛生
負責人的角色等之間的關係。臨床醫學被當作是觀點、內容、
形式與描述風格、歸納或概率推論的使用、因果關係之指稱類
型等的更新，簡而言之，就是被當作聲明模式的更新，它不應
該被視為新觀察技術的結果 —— 屍體解剖這項觀察技術早在

十九世紀之前就已經實行了；它不應該被視為研究有機體深層病因的結果——莫爾加尼（Morgagni）早在十八世紀中葉就進行過相關研究；也不應該被視為醫院臨床教學這個新制度的影響——這種制度在奧地利和義大利已經存在了幾十年；更不應該被視為畢夏在《諸膜論》（*Traité des Membranes*）中介紹組織（tissu）這個概念的結果。而是應該視為是在醫學論述中為若干不同要素建立關係，其中一些要素與醫生的地位有關，另一些則涉及他們發言的機構和技術場所，其他則涉及他們作為感知、觀察、描述、教學等等主體的位置。我們可以說，是臨床論述將不同要素之間的關係建立起來的（其中一些要素是新的，其他則是預先存在的）：正是這個臨床論述作為實踐，在所有這些要素之間建立了一個關係系統，這個系統既不是「實際上」既定的，也不是預先建構的；如果臨床論述有一個統一體、如果它使用或產生的聲明模式不是被一系列的歷史偶然性單純地並列在一起，那是因為它不斷地在運作這些關係。

還有一點要注意。我們在觀察到臨床論述中的聲明類型差異後，並沒有試圖透過彰顯形式結構、範疇、邏輯連貫的模式、推論與歸納的類型、可在論述中使用的分析和綜合形式來

減少這個差異；我們並不想抽離有能力向例如醫學類的陳述提供其內在必要性的合理組織。我們也不想將合理性的一般層面歸於某個基礎行為或建構意識，在這個合理性的一般層面內逐漸顯現的是醫學的進步、它向精確科學看齊的努力、其觀察方法的緊密性、緩慢驅逐其內在形象或幻想的艱困過程、對其推理系統的淨化。最後，我們也沒有試著描述經驗起源或醫學心智狀態的不同組成部分：醫生關注的焦點如何移動、他們受到何種理論模型或實驗模型的影響、哪種哲學或道德主題定義了其反思氛圍、他們需要回應什麼樣的問題和要求、他們必須做什麼努力才能擺脫傳統的偏見，還有他們要走哪一條路才能朝向其知識從未實現、從未達到的統一性和一致性。總而言之，我們沒有用各種聲明模式來表示主體的統一體──無論這個主體是被當作合理性的純粹基礎審決，或是被視為綜合體的經驗功能。這既不是「認識」（connaître），也非「認知」（connaissances）。

在上述提出的分析中，不同的聲明模式不會指向某個主體的這個綜合體或這個統一功能[*]，而是會顯現出其分散性。主體在使用論述時，這些不同的聲明模式會指向他可能會占據

或取得的各種地位、場址、位置。指向他發言時所處層面的不連續性。而且，儘管這些層面都是透過一個關係系統來連結，但建立這個系統的，不是一個等同於自身、沉默且先於所有話語之意識的綜合行動，而是論述實踐的特殊性。因此，我們不想在論述中見到一種表達現象——在他處進行的綜合體的口頭翻譯；我們將在論述中為各種主觀性位置尋找一個規律性的場域。如此構想的論述並不是一個會思考、知道和說出論述的主體莊嚴展現的表現：相反的，這是一個集合體，主體的分散與其本身的不連續性都可在其中被確定。論述是一個外部性的空間，在此展開的是一個不同場址的網絡。我們剛剛已經指出，論述形成特有的對象體系既不是透過「詞」、也不是透過「物」來定義的；同樣的，我們現在必須承認，其聲明的體系既無須藉助先驗主體、也不必藉助心理主觀性來定義。

---

* 　　就此而言，《臨床的誕生》中使用的「醫學檢視」（regard médical）一詞並不太中肯。

V.

LA FORMATION DES CONCEPTS

概念的形成

　　在林奈（Linné）作品中描述的概念系列（還有在李嘉圖的作品或皇家港派的文法中也能見到），或許能自組成一個一致的集合體。我們或許可以重建它形成的演繹架構。無論如何，這個實驗是值得一試的 —— 而且已經試過好幾次了。另一方面，如果我們採用的尺度更大，並選擇文法、經濟學或生命研究作為各學科的基準，那麼我們會見到，顯現出來的概念

作用並不會遵循如此嚴格的條件：因為它們的歷史並非是一磚一石建造起來的建築物。我們是否應該讓這種分散停留在它無次序的表象？我們會在其中發現一系列的概念系統，這些系統都有自己的組織，並且只闡述問題的持久性、或是傳統的連續性、或是影響的機制嗎？難道我們不能找到一個法則，用來闡明這些不相稱的概念相繼或同時出現的現象嗎？難道我們不能在它們之間找到一個非邏輯系統性的發生系統（système d'occurrence）嗎？與其想將這些概念重新置入虛擬的演繹結構中，我們不如描述它們出現與流通的陳述場域之組織。

a) 這個組織首先包含了各種接續性（succession）形式。而這些形式包括了各種陳述系列的排序（ordonnances des séries énonciatives）（無論是推論的次序、接續關聯的次序、論證推論的次序；或是描述的次序、它們遵循的普及化或漸進式詳述的範式、它們涵蓋的空間分布；或是記述的次序，以及時間的事件在陳述的線性連貫中的分布方式）；諸陳述的各種依存類型（type de dépendance）（這些類型並非總是能與陳述系列的明顯接續相同或是重疊：例如假設—驗證、斷言—批判、一般法則—特殊應用）；可以合併（combiner）陳述群的各種修辭基模（schéma）（描述、演繹、定義如何相互銜接，其接續性可用來形容文本的結構）。以古典時代的自然歷史（Histoire naturelle）為例：它沒有使用與十六世紀相同的概念；部分舊時的概念（屬〔genre〕、種〔espèce〕、特性〔signe〕），它們的用法有了改變；其他概念（例如結構）出現了；還有一些概念（有機體的概念）則要更晚才會形成。但是，對整個自然歷史來說，在十七世紀發生變化並將支配概念出現與復現的，就是陳述的一般布置作用（disposition），以及它們在確定集合體中的系列建立；就是轉錄我們觀察到的事物並隨著陳述來重建感知歷程的方式；就是描述、闡明顯著特點、描繪特徵與分類之間的從屬關係和作用；就是特定觀察和一般原則的相互位置；就是在我們

所得知、所見到、所演繹、我們認為可能、我們
所假設的事物之間的依存系統。在十七與十八世
紀，自然歷史不僅僅是一種認知形式，這種認知
形式為「屬」（genre）或「特徵」（caractère）的
概念帶來新的定義，並引入「自然分類」或「哺
乳類」等新概念；最重要的是，這是一個建立陳
述系列的規則集合體，是依存性、次序與接續性
的必要基模集合體，在其中分布的是那些可以作
為概念的復現要素。

b) 陳述場域的配置也包括了各種共存（coexistence）
形式。這些形式首先勾勒出一個在場的場域
（champ de présence）（由此，我們應該能理解所
有已經在別處獲得明確表達的陳述，這些陳述在
論述中都被重新當作公認的真理、準確的描述、
有根據的推論或必要的假設；我們也必須理解那
些被批判、討論和判斷的陳述，以及那些被拒絕
或排除的陳述）；在這個在場的場域中，被建立

的關係可能屬於實驗的驗證、邏輯的有效性、純粹且簡單的重複、被傳統與權威認證的認可、評論、隱藏意義的研究、錯誤的分析；這些關係可以是明確的（而且有時甚至可用專門的陳述類型來明確表達：例如參考出處、批判性討論），或是默認並被投入一般陳述中的。再者，我們很容易就觀察到，在古典時代，自然歷史的在場的場域所遵循的形式、選擇的標準、排除的原則，都與阿爾德羅萬迪（Aldrovandi）的時代不同，後者將所有見過、觀察過、講述過、口耳相傳的、甚至是詩人想像的怪物都收集到單一且相同的文本裡。不同於這個在場的場域，我們還可以描述相伴的場域（champ de concomitance）（因此，所涉及的陳述是屬於完全不同的對象領域、完全不同的論述類型；但是這些陳述在被研究的陳述中是有作用的，它們或者作為類比的確認，或者作為推論的普遍原則和公認前提，或者作為可以轉移至其他內容的模型，或者像更高階的審斷那樣運

作，我們必須將確認的命題與這個審斷相對照，並至少使之遵循該審斷）：因此，在林奈和布豐的時代，自然歷史的相伴的場域是由與宇宙學、地球史、哲學、神學、聖經與聖經釋義、數學（指的是某一次序科學的極普遍形式）的若干關係來定義的；而所有這些關係都使這個相伴的場域與十六世紀自然主義者的論述、十九世紀生物學家的論述相對立。最後，陳述場域包括我們所謂的記憶的領域（domaine de mémoire）（指的是不再被承認或討論的陳述，這些陳述因而不再定義某個真理實體或某個有效性的領域，但是對於這些陳述，演變、起源、轉型、歷史連續性和不連續性的關係被建立了）：因此，自杜爾奈福爾（Tournefort）以來，自然歷史的記憶場域形式就顯得異常狹窄與貧乏，不若十九世紀以降的生物學記憶場域是如此廣泛的、累積的、非常明確的；另一方面，它似乎又比文藝復興時期有關動植物史的記憶場域有更好的定義和表達：因為當時後

者與在場的場域幾乎沒有區別；它們有相同的外延和形式；包含了相同的關係。

c) 最後，我們可以定義能合理應用於陳述的介入程序（procédures d'intervention）。事實上，對所有的論述形成來說，這些程序並非都是相同的；那些在論述形成中被使用的程序（排除了所有其他的一切）、將它們連結起來的關係、它們以這種方式建構的集合體，這些都能讓我們詳細說明之。這些程序可能出現的地方包括：在重寫技術（techniques de réécriture）中（例如讓古典時代的自然主義者在分類表中重寫線性描述的技術，這些分類表的法則和配置不同於中世紀或文藝復興時期建立的親屬關係列表及群體）；依據一種或多或少形式化的人工語言，在（以自然語言表達的）諸陳述的各種轉錄方法（méthodes de transcription）中（我們可在林奈和亞當森〔Adanson〕那裡找到這些方法的計畫，甚至是某

種程度的實現）；將定量陳述轉為定性表達（反之亦然）的翻譯模式（modes de traduction）（與尺度和純粹感知的描述有關）；用來增加陳述近似性（approximation）並提高其準確性的方法（自杜爾奈福爾以後，依據要素的形式、數量、布置作用和大小來進行結構分析，能讓描述性陳述的近似性更大、特別是更穩定）；透過外延或限制，再次界定（délimiter）陳述的有效性領域的方法（結構性特徵的陳述原本從杜爾奈福爾到林奈是被限制的，接著從布豐到朱西厄〔Jussieu〕再次被擴大）；將某一應用場域的陳述類型轉移（transférer）到另一種陳述類型的方法（例如從植物的特徵描繪轉移到動物分類學；或是從表面特點的描述轉移到有機體的內部要素）；將過去曾被明確表達但非常分散的現存命題予以系統化（systématisation）的方法；或是重新分配陳述的方法，這些陳述已經互有關聯，但是我們將它們重新組合在一個新的系統性集合體中（因此，亞

當森重新採用了自然的特徵化，這些自然的特徵
化在他之前或被他自己在人工描繪的集合體中完
成，而且他透過抽象組合為這種人工描繪提供了
一個預先基模）。

　　我們建議分析的這些要素都非常不同。有些構成了形式建
構的規則，其他則構成了修辭的習慣；某些定義了文本的內在
配置，其他則定義了不同文本之間相互關聯與影響的模式；某
些是特定時代的特徵，其他則有一個遙遠的起源和非常廣泛的
年代範圍。但是，那些本身屬於一種論述形成以及那些能界定
儘管不相稱、卻是論述特有之概念群的，正是這些不同要素相
互關聯的方法：例如，將描述或記述的排列與重寫技術連結起
來的方式；將記憶場域與支配文本陳述的等級和從屬形式連結
起來的方式；將陳述的相近與發展模式以及對明確表達之陳述
的批判、評論與詮釋模式連結起來的方式，諸如此類。正是這
一堆關係建構了概念形成的系統。

　　對這種系統的描述並不能視同為對這些概念本身直接且立
即的描述。這不是在為它們列出詳盡無遺的一覽表、建立它們

可能的共同特點、為它們進行分類、為它們衡量內部一致性或是驗證其彼此相容性；我們不會將一篇孤立的文本、一部個別作品、特定時期的一門科學等概念架構當作分析對象。我們要避開這個明顯的概念作用；但我們試著確定根據哪些模式（系列化、同時組合、線性的或相互的修改），諸陳述可以在某一論述類型中相互連結；我們因而試著確認陳述的復現要素如何重現、分解、重組、獲得外延或確認、在新的邏輯結構中重新被採用，另一方面是如何獲得新的語義學內容、在它們之間建構局部組織。這些範式能讓我們描述——不是概念的內部建構法則，也不是它們在人類精神裡個別且漸進的起源——而是它們透過諸多文本、書籍與作品的匿名分散。這種分散可用來形容一種論述類型，它在概念之間定義了演繹、衍生、一致性等形式，還有不相容性、交織、替代、排除、相互變異、置換等等形式。因此，這種分析可說是在前概念（préconceptuel）的層次上，涉及了概念可在其中共存的場域以及該場域遵循的規則。

為了具體說明「前概念」在此的意義，我重新以《詞與物》裡的四個「理論範式」（schèmes théoriques）為例，它們是十七與十八世紀通用文法的特徵。這四個範式——屬性

（attribution）、表達（articulation）、指稱（désignation）和衍生（dérivation）——並沒有指出古典文法學家實際上使用的概念；它們也無法在不同的文法作品之上重建某種更普遍、更抽象、更貧乏的系統，但這個系統因而會發現這些明顯對立的不同系統有極大的相容性。這些範式能讓我們做出以下描述：

1. 不同的文法分析如何被整理與鋪陳；在名詞分析、動詞分析、形容詞分析、語音學分析和句法分析、原始語言分析、人工語言分析之間，可能存有什麼樣的接續形式。這些不同的可能次序由依存關係來設置，我們可以在屬性、表達、指稱和衍生等這四個理論之間標定出這些關係。

2. 通用文法如何確認有效性（validité）的領域（依據哪些標準，我們可以討論一個命題的真與假）；它如何被建構成一個規範性（normativité）的領域（依據哪些標準，我們排除了某些與論述無關、或是無關緊要與次要的、或是不科學的陳述）；

它如何被建構成一個當下性（actualité）的領域（包括獲得的解決方案、定義現有的問題、確認不再使用的概念與斷言）。

3. 通用文法和數學（連同笛卡兒代數及後笛卡兒代數、次序的一般科學計畫）的關係，和表述的哲學分析與符號理論的關係，和自然歷史、特徵化與分類學問題的關係，和財富分析、測量與交換的專斷符號問題的關係：透過標定這些關係，我們可以確定各種能確保從一個領域到另一個領域的流通、轉移、概念修改、概念的形式變異或應用領域變遷的途徑。由這四個理論階段構成的網絡並沒有定義文法學家使用的所有概念之邏輯架構；它描繪的是這些概念形成的規則空間。

4. 動詞「存在」（être）、連接詞、動詞詞根與詞尾等各種概念（這是屬性的理論範式）；發音要素、字母、名稱、名詞與形容詞等各種概念（這是表

達的理論範式）；專有名詞和普通名詞、指示詞、
名詞詞根、音節或表達響度（sonorité expressive）
等各種概念（這是指稱的理論範式）；原始的和
衍生的語言、隱喻和象徵、詩歌語言等各種概念
（這是衍生的理論範式），以上這些如何（以二
擇一、修改或替換的形式）同時或相繼出現。

　　我們如此分離出來的「前概念」層次既不涉及理想性的
層面，也與抽象作用的經驗起源無關。一方面，這並不是由創
始性動作提出、發現或建立的理想性層面——而且就這個原
始點來說，它逃脫了任何時間順序的嵌入；這不是在歷史邊界
內取之不盡的先驗性（a priori），它因為逃脫了所有的開始
與成因重建，所以是退縮的，它又因為永遠不可能在一個明確
的整體中與它自己同時，所以也是衰退的。事實上，我們是在
論述本身的層次上提出問題，這個論述不再是外部的翻譯，而
是概念出現的地方；我們不會將論述的常數與概念的理想結構
聯繫起來，但是我們會以論述的內在規律性為基礎來描述概念
的網絡；我們不會讓聲明的多樣性受制於概念的一致性，也不

會讓這個概念的一致性受制於後設歷史理想性（idéalité méta-historique）的無聲冥想；我們要建立相反的系列：我們將非矛盾的純粹目標重新置於概念相容性與不相容性的錯綜複雜網絡之中；我們將這種紊亂與形容論述實踐的規則關聯起來。有鑑於此，我們不再需要訴諸於無限後退之起源和無窮無盡之層面的主題：在論述實踐裡，規則集合體的組織即使無法建構一個像表達或發現那樣容易確立的事件，但仍可在歷史要素中獲得確認；而且如果它是取之不盡的，那是因為它所建構、能完美描述的系統闡明了一個非常重要的概念作用，還有非常大量、能同時影響這些概念與其關係的轉型。如此描述的「前概念」不是在描繪一種來自歷史底層並透過歷史來自我維持的層面，而是相反的，是在最「表面的」層次（論述層次）上被實際應用的規則集合體。

我們見到這也與抽象化的起源無關，這個起源試著發現一系列能建構它們的操作：全面的直觀、發現特例、排除假想的主題、遭遇理論或技術障礙、持續借用傳統模式、定義適當的形式結構等等。在我們於此提出的分析裡，形成的規則不在個體的「心智狀態」（mentalité）或意識之中，而是在論述本身

裡；因此，這些規則會根據某種統一的匿名性，強加於所有在這個論述場域中發言的個體。另一方面，我們並不認為它們對所有任何領域都是普遍有效的；我們永遠都是在確定的論述場域中描述它們，而且我們一開始就不認為它們有外延的無限可能性。我們最多只能透過系統性的比較，從一個區域到另一個區域來對照各種概念的形成規則：因此，我們曾試著揭示這些規則集合體在古典時代的通用文法、自然歷史、財富分析中可能呈現的同一性和差異性。這些規則集合體在每一個這些領域中都是相當特殊的，足以描繪出一種獨特且個別化的論述形成特徵；但是它們呈現的類比也足以讓我們看到這些不同的形成建構了一個更廣、層次更高的論述組合。總而言之，這些概念的形成規則，無論其普遍性為何，都不是被置於歷史之中並被沉積在集體習慣厚度裡的個體操作結果；它們並不構成整個模糊研究的枯燥概要，在這種研究裡，這些概念會透過幻覺、偏見、錯誤、傳統來顯現。前概念場域呈現出論述的規律性和約束性，這些都讓概念的異質多樣性成為可能，甚至隨後超越了我們在研究觀念史的時候，很自然地就會針對的這些豐富的主題、信仰和表述。

為了分析對象的形成規則，我們已經見到不應該將它們根植於事物之中，也不應該將它們與字詞的領域連結在一起；為了分析陳述類型的形成，我們不應該將它們與認知主體或心理學上的個體性連結在一起。同樣的，為了分析概念的形成，我們不應該將它們與理想性（idéalité）的層面或觀念（idée）的經驗發展連結在一起。

VI.
LA FORMATION DES STRATÉGIES

策略的形成

　　諸如經濟學、醫學、文法、生命科學等論述都會產生某些
概念組織、對象重組、聲明類型，它們會依據自身的一致性、
嚴謹性和穩定性的程度來形成主題或理論：在十八世紀的文法
中，這是原始語言的主題，所有其他語言都衍生自這個原始語
言，並保有有時可辨讀的記憶；在十九世紀的語史學中，這個
理論涉及了所有印歐語言之間的同源 —— 演變或相似 —— 關
係，以及可作為其共同起點的古老方言；在十八世紀，這是物

種進化論的主題，進化論會在時間之中展示出自然的連續性，並解釋了分類圖表現存的空隙；對重農主義者來說，這是以農業生產為基礎的財富循環理論。無論這些主題和理論的形式層次為何，我們將按慣例稱它們為「策略」（stratégie）。問題是要知曉它們在歷史上是如何分布的。是能將它們聯繫起來、使它們變成不可迴避的、將它們一個接一個地準確放到各自的位置上、讓它們成為單一且相同之問題的接續解決方案的必要性嗎？或是各種不同起源之觀念、影響、發現、思辨氛圍、理論模型——個體以耐心或天份將這些安排成或多或少建構良好的各種集合體——之間的隨機相遇？除非我們有可能在它們之間找到一種規律性，且能直接定義其形成的共同系統。

　　關於這些策略的分析，我很難詳述細節。理由很簡單：在我以大概是探索性、和尤其是一開始並無充分有條理之控制的方式進行清點的不同論述領域裡，每一次都要根據其自身的特徵，從各個角度來描述論述的形成；因此，我們每一次都應該要定義對象、陳述模式、概念、理論選擇等的形成規則。但是，分析的困難點和最值得注意的地方似乎每次都不一樣。在《古典時代瘋狂史》中，我處理的是論述的形成，它的理論選擇點

很容易標定，它的概念系統則相對較少且不複雜，而且它的陳述體系也相當同質與單調；另一方面，問題在於出現了一個相當錯綜複雜的對象集合體；為了以其特殊性來標定精神病學論述的集合體，我們首先應該要描述這些對象的形成。在《臨床的誕生》中，研究重點是醫學論述的陳述形式在十八世紀末與十九世紀初的變化方法；因此，分析的重點不是概念系統的形成或理論選擇的形成，而是地位、制度的場址、情境與說話主體的融入模式。最後，在《詞與物》中，研究重點是概念網絡與它們（相同或不同的）形成規則，就像我們可以在通用文法、自然歷史與財富分析中對它們進行的標定那樣。至於策略的選擇，它們的位置和影響都已經被指出（例如林奈與布豐，或是重農主義者及功利主義者）；但是它們的標定仍是簡略的，而且分析也幾乎沒有放在它們的形成上。我們可以說，理論選擇的分析仍在進行當中，日後的研究將盡全力處理之。

目前，我們只能指出研究的方向。這些方向可以概述如下：

1. 確定諸論述可能的衍射點（point de diffraction）。

　　這些衍射點首先可被形容為各種不相容點（point

d'incompatibilité）：兩種對象、兩種聲明類型或兩種概念，都可能會出現在同一個論述形成裡，卻無法——除非是有明顯的矛盾或前後不一致——進入單一且相同的陳述系列。其次，它們可被形容為對等點（point d'équivalence）：兩個不相容的要素以相同的方式、基於相同的規則而形成；它們的出現條件是一樣的；它們處於相同的層次；但是它們沒有在一致性方面構成純粹且簡單的缺陷，而是形成一種二擇一（alternative）：即使依時間順序而言它們沒有同時出現、即使它們沒有相同的重要性、儘管它們在有效陳述群體中沒有相同的表述方式，但是它們都會以「或者……或者……」的形式來呈現。最後，它們被形容為系統化的附著點（points d'accrochage d'une systématisation）：以每一個這些既對等又不相容的要素為基礎，衍生出一個對象、陳述形式、概念的一致性系列（可能的話還有在每一個系列中出現的新不相容點）。換句話說，前幾個層次研

究的分散不僅僅只是構成間距、非同一性、不連續系列、空隙;它們有時也會形成論述的子集合體—就是那些我們通常認為非常重要的子集合體,彷彿它們是構成更廣泛的論述集合體(「理論」、「概念」、「主題」)的立即統一體與原始材料。例如,在一個像這樣的分析中,我們不認為十八世紀的財富分析是貨幣、必需品交易、價值與價格的形成、地租等多種不同概念(透過同時組合或依時間順序接續)造成的結果;我們也不認為此一分析是建立在康蒂雍(Cantillon)承襲自佩帝的觀念、不同理論學家相繼對羅氏經驗(l'expérience de Law)的反思、重農系統和功利主義概念的對立上。我們反而會將它描述成一個分配的統一體,這個統一體開啟了一個可能的選項場域,並讓各種相互排斥的架構同時或依次出現。

2. 但是,所有可能的作用實際上都沒有實現:因為有許多的局部集合體、區域相容性、一致性結構

原本都有可能出現，卻沒有顯現出來。為了說明在所有本來可能實現的選擇中，何以只有部分（而且只有這些）獲得實現，我們必須描繪特定的決策審斷。首先就是在它們之間，我們研究的論述相較於那些與其同時代還有與其相近者所扮演的角色。因此，我們必須研究這個論述所屬的論述叢集的經濟學（l'économie de la constellation discursive）。事實上，它可以發揮形式系統的作用，而這個系統的其他論述則是在各種語義場域的應用；相反的，它也可以發揮一種具體模型的作用，我們必須將這個具體模型帶到屬於抽象化層次更高的其他論述之中（因此，在十七與十八世紀，通用文法就表現為符號與表述之一般理論的特定模型）。我們研究的論述也可能存於與某些其他論述有類比、對立或互補的關係之中（例如在古典時代，財富分析和自然歷史之間存有類比關係；前者是需求與慾望的表述，後者則是感知和判斷的表述；我們也可以指出，自然歷史和

通用文法之間的對立，就像自然特徵理論和傳統符號理論之間的對立一樣；而這兩者與財富分析的對立，就像定性符號研究與測量的定量符號研究相對立一樣；總之，每一種理論都會發展出表述符號的三個互補角色之一：指稱〔désigner〕、分類〔classer〕、交換〔échanger〕）。最後，我們可以描述多個論述之間相互界定的關係，每一種關係都會透過其領域、方法、工具、應用領域的分化，呈現出自己與眾不同的獨特性標誌（對精神病學與有機體醫學來說也是如此，十八世紀末之前，它們實際上是無法區分的，但在此之後卻建立了能形容它們特徵的間距）。所有這些關係的作用建構了一個確定原則，能在既定論述的內部允許或排除若干陳述：包括概念的系統化、陳述的連貫、可能的對象群與組織（而且沒有什麼能證明它們在自身的形成規則層次上缺席），但是它們被層次更高且外延更廣的論述叢集排除在外。因此，論述形成沒有涵蓋由其對象、聲明、

概念的形成系統向它合理展示的一切可能部分；它本質上是有空隙的，這是因其策略性選擇的形成系統之故。由此可知，在一個新叢集中重新採用、放置和詮釋一個既定的論述形式，可以產生新的可能性（因此，在科學論述的當前分布中，皇家港派的文法或林奈的分類學都可以顯現一些對科學論述而言是固有且未公開的要素）；因此，這不是一個無聲的內容，這個無聲的內容本該是默認的、本該說出卻未說、本該在明顯的陳述之下建構一種更根本的子論述（sous-discours），而現在終於展露出來；這是一種在排除與選擇可能性的原則下發生的修改；這個修改肇因於在新論述叢集中的嵌入。

3. 確定實際執行的理論選擇也屬於另一種審斷。這種審斷的特徵首先是被研究的論述在非論述實踐場域（champ de pratiques non discursives）中必須執行的功能（fonction）。因此，通用文法在教

學實踐中是有作用的；而財富分析則以一種更明顯、更重要的方式，不僅在政府的政治和經濟決策上發揮作用，也在新興資本主義才剛概念化及理論化的日常實踐中、在作為古典時代特徵的社會與政治鬥爭中發揮作用。這個審斷也包含了論述的適用體系與過程（le régime et les processus d'appropriation）：因為，在我們的社會（以及大概在許多其他社會）裡，論述的性質──也就是說話的權利、理解的能力、對已明確表達的陳述素材合法且立即的獲得，以及將此一論述用於決策、制度或實踐的能力──事實上是為特定的個體群保留的（有時甚至是以合乎規定的模式）；在十六世紀以來我們所知的布爾喬亞社會裡，經濟論述從來就不是共同的論述（儘管是另一種模式，但就跟醫學論述或文學論述一樣）。最後，這個審斷的特徵還有慾望相較於論述的可能位置（les positions possibles du désir par rapport au discours）：事實上，論述可以是幻象上演之處、象徵化的要

素、禁止的形式、所衍生之滿足的工具（這個與慾望有關的可能性並不僅是論述詩意的、浪漫的或想像的運作之事實：關於財富、語言、自然、瘋狂、生死以及其他很多或許更抽象的論述，可以針對慾望占據更確定的位置）。無論如何，對這個審斷的分析必須能指出，無論是論述與慾望的關係、這個關係的適應過程、或是它在非論述實踐中的角色，都不是外在於它的統一體、特徵和形成法則。這些都不是干擾要素，這類干擾要素會加疊在其純粹、中性、永恆且沉默的形式之上，它們會壓抑它，並讓一種偽裝過但有許多形成性要素的論述來代替它發言。

如果我們可以定義在此展開之不同策略的形成系統，那麼論述的形成就能被個別化；換句話說，就是如果我們可以指出所有這些策略（儘管它們有時顯出非常極端的多樣性，儘管它們會隨著時間而分散）是如何衍生自同一個關係作用。例如十七與十八世紀的財富分析，其特徵是一套能同時形成柯爾貝

（Colbert）重商主義和康蒂雍「新重商主義」的系統；羅氏的策略和帕里斯─杜維內（Paris-Duverney）的策略；重農主義選項或功利主義選項。要定義這個系統，就要先能描述經濟論述的各種衍射點如何相互衍生、控制、包含（如何從價值概念的決定中衍生出一種跟價格有關的選擇點）；做出的選擇如何取決於經濟論述呈現於其中的一般叢集（除了語言、表述分析、數學與次序科學等的理論，側重貨幣─符號的選擇也與財富分析占據的位置相關）；這些選擇如何關聯到經濟論述在新興資本主義實踐中持有的功能、它作為布爾喬亞階級對象的適應過程、它在實現利益與慾望時可能扮演的角色。在古典時代，經濟論述被定義為某種恆定的方式，能將論述內在的系統化可能性、外部的其他論述，以及整個非論述性的實踐、適應、利益及慾望的場域聯繫起來。

我們必須指出，如此描述的策略並沒有在論述這邊扎根於一種初步且基本之選擇的無聲深度。所有這些我們應該要描述的陳述組合，都不是以字詞種類鑄造之世界觀的表達，也不是以理論來掩飾之利益的虛偽翻譯；因為古典時代的自然史不同於在明顯歷史之前的模糊狀態中對立的兩個事物：

一是林奈式的觀點，認為宇宙是靜態、井然有序、有區隔的，並自其起源就謹慎地被提供給分類的分區控管，另一個是對時間之繼承性質仍有點含糊不清、具有意外（accident）的份量並向進化可能性開放的感知；同樣的，財富分析不同於兩種布爾喬亞階級之間的利益衝突：其中一種是成為地主的布爾喬亞階級，透過重農主義者的聲音來表達其經濟或政治上的訴求，另一種是身為商人的布爾喬亞階級，以功利主義者為代言人，要求的是保護主義或自由主義的措施。無論是財富分析或是自然歷史，如果我們從它們的存在、統一體、持久性和轉型等層次來研究，那麼這兩者都不能被視作這些不同選項的總和。相反的，這些選項必須被描述成處理論述對象（界定它們、重組或分開它們、連結它們並讓它們相互衍生）、支配聲明形式（選擇它們、放置它們、建構系列、將它們組成大型的修辭統一體）、操作概念（賦予它們使用規則、讓它們引入範圍的一致性中，從而建立概念架構）等系統性不同的方式。這些選項都不是論述的根源（這些論述在此根源中應該會被事先確定，並以近乎微觀的形式來預先顯示）；這些都是使用論述可能性的受規範（而且是可以如此

描述的）方法。

　　但是這些策略也不應該被當作次要要素來分析，這些次要要素應該會被加疊在一個理當獨立於它們的論述合理性上。沒有（或至少對我們在此勾勒出可能性的歷史描述而言，我們無法接受）一種終極且永恆的理想論述，這種論述可能會被外在起源的選擇所曲解、弄亂、壓制、推向一個也許是極遙遠的未來；我們不應該假設例如在自然或經濟之上，會有兩種相互加疊與交織的論述：其中一種會緩慢進展、累積成果並逐步完善（這是真正的論述，但是其樸實性只存於歷史的目的論之界線內）；另一種則總是被破壞、總是重新開始、永遠與自身產生決裂、並由異質的片段組成（歷史會隨著時間的流逝，將這個意見的論述丟回過去之中）。除了物種不變論（fixisme），沒有一種自然分類學是精確的；若沒有重商布爾喬亞階級的偏好和幻想，就沒有真正的交換和功利經濟。實際存在並建構了歷史形象的古典分類法或財富分析將對象、聲明、概念以及理論選擇包含在一個清晰但不可分割的系統裡。如同我們不應該將對象的形成與字詞或事物連結在一起、將聲明的形成與認知的純粹形式和心理主體連結在一起、將概念的形成與理想性的結

構或觀念的接續性連結在一起，我們也不應該將理論選擇的形成與基本計畫（projet）或意見（opinion）的次要作用連結在一起。

VII.
REMARQUES ET CONSÉQUENCES

評註與結論

　　現在，我們必須重拾散布在之前分析裡的若干指標，回應幾個一定會出現的問題，而且首先要考慮到有出現之虞的異議，因為這項研究的矛盾很快就會出現。

　　從一開始，我就對這些預先建立的統一體提出質疑，傳統上，我們會根據這些統一體來強調不確定、單一、大量的論述領域。這不是在質疑這些統一體的整個價值，或是想要禁止使用它們；而是要指出，為了獲得準確的定義，它們需要擬出一

個理論。然而──而這就是先前所有分析令人疑惑的地方──是否有必要在這些其實可能不太確定的統一體之上，再加上另一個更不明顯、更抽象、當然問題也更多的統一體範疇？即使這些統一體的歷史限制和組織的特殊性都很容易察覺（通用文法或自然歷史可為證），這些論述形成提出的標定問題都遠比書籍或作品還要困難。因此，當我們質疑那些看起來似乎是最明顯的重組時，為什麼還要進行如此令人疑惑的重組？我們希望發現什麼樣的新領域？迄今為止，哪些關係依舊模糊或不明？哪些轉型仍未被歷史學家所觸及？簡而言之，我們可以給予這些新的分析一個怎麼樣的描述有效性？所有這些問題，我稍後都會試著回答。但是我們現在必須回答一個問題，這個問題對這些後來的分析而言是首要的，但對之前的分析來說則是最終的：關於這些我曾試著定義的論述形成，我們是否真的有權談論統一體？我們所勾勒的是否能讓這些集合體個別化？如此發現或建構的統一體，其性質為何？

我們可以從一個觀察開始：連同臨床醫學、政治經濟學或自然史之類的論述統一體，我們處理的是要素的分散。然而，這個分散本身──還有它的空隙、裂縫、錯綜複雜、疊合、不

相容性、換置和替代——的獨特性是可以描述的，只要我們能確定可形成對象、聲明、概念、理論意見的特定規則：若統一體是存在的，那麼它不會出現在已形成之要素的可見暨橫向一致性中；它存於使這些要素成為可能並支配其形成的系統之中。但是，我們要以什麼名義來談論統一體和系統？如何確認我們的確有將論述集合體予以個別化？與此同時，我們卻以一種十分大膽的方式，在對象、聲明、概念與選擇等看似不可化約的多樣性背後，讓大量、分散且彼此性質各異的要素發揮作用？而我們同時又將這些要素分布在表達方式幾乎沒有被定義的四種不同組合中？就哪方面來講，我們可以說所有這些出現在論述對象、聲明、概念和策略背後的要素，都確保了像作品或書籍一樣可個別化的集合體之存在？

1. 我們已經見到——而且大概不需要再重提：當我們談到形成系統時，我們理解的不僅是異質要素的並列、共存或相互作用（制度、技術、社會群體、感知組織、不同論述之間的關係），還有它們透過論述實踐——而且是以一種明確形式——

形成的關係。但是，這四個系統，或者確切地說這四大關係群之間的關係到底是什麼？它們如何為自己定義一個單一的形成系統？

這是因為如此定義的不同層次都不是彼此無關的。我們已經指出，策略的選擇並非直接來自一種世界觀，或是本身屬於這個或那個說話主體的利益優勢；而是因為它們的可能性本身是由概念作用中的分歧點來確定的；我們也已經指出，概念不是在相近、混亂且現行的觀念背景上直接形成的，而是始於陳述之間的共存形式；至於聲明的形態，我們已經見到，它們是根據主體相較於其談論對象的領域所占據的位置來描述的。以這種方式，就有了一個垂直的依存系統：並非主體的所有位置、陳述之間的所有共存類型、所有的論述策略都是有可能的，而是只有獲得之前層次准許的那些才有可能；有鑑於例如十八世紀支配自然歷史諸對象（比如具有特徵並因而可分類的個體性；比如易有變化的結構要素；比如可見

且可分析的表層；比如持續且有規則的差異性場域）的形成系統，某些聲明形態會被排除（例如符號的解密），其他則被包含在內（例如依據確定代碼進行的描述）；同樣的，有鑑於論述主體可能占據的不同位置（比如沒有工具媒介的觀看主體，比如依據感知多樣性來獲取結構的獨特要素的主體，比如將這些要素轉錄成編碼詞彙的主體，諸如此類），有一些陳述之間的共存被排除了（例如在學術上恢復已說、或是神聖文本的釋經式評註），相反的，其他則是有可能或是被需要的（例如將全部或部分類比的陳述整合到分類表中）。因此，這些層次彼此之間並非是沒有拘束的，也無法根據無限制的自主權來展開：因為從對象的最初分化到論述策略的形成，存有一個完整的關係等級。

但是，這些關係也會在逆向中被建立起來。較低的層次並沒有獨立於在它們之上的層次。理論選擇在執行它們的陳述中，排除或包含了某些

概念的形成，也就是陳述之間的某些共存形式：
因此，我們在重農主義者的文本中不可能找到與
功利主義分析相同的定量數據及測量的整合模
式。這不是因為重農主義的選項可以修改能確保
十八世紀經濟概念形成的規則集合體；但是它可
以讓這些規則中的這幾項或那幾項發揮作用或是
排除之，從而彰顯出某些不曾在其他地方出現的
概念（例如淨收益的概念）。支配概念形成的不
是理論選擇；而是它透過概念形成的特定規則以
及它與此一層次維持的關係作用來生成概念。

2. 這些形成系統不應該被視作從外部強加於論述、
並斷然地定義其特徵與可能性的固定阻礙和靜態
形式。這些都不是源於人類思想或是其表述作用
的約束；但也不是在制度、社會關係或經濟層次
形成的決定因素，這些決定因素被迫轉錄到論
述的表層上。這些系統 —— 我們已堅持過這一
點 —— 存於論述本身；或者更確切地說（因為這

無關乎論述的內在性，也不是它可能包含的事物，而是它的特定存在和條件），存於其邊界、存於這個使其如此存在之特定規則的限制內。因此，我們必須透過形成系統來理解一堆像規則般運作的複雜關係：因為這堆關係規定了在論述實踐中必須建立關係的事物，讓這個論述實踐能指向這個或那個對象、讓它能使這個或那個聲明發揮作用、讓它能使用這個或那個概念、讓它能組織這個或那個策略。因此，以其獨特的個體性來定義一個形成系統，就是在透過實踐的規律性來描述一個論述或一個陳述群的特徵。

作為論述實踐的規則集合體，形成系統對時間並不陌生。它沒有將所有可能透過一系列古老陳述而出現的事物集中成一個點，這個點應該同時是開始、起源、基礎、公理系統，而真實歷史的變動自此只會以完全必要的方式展開。形成系統描繪的正是必須實施的規則系統，為的是讓某個對象轉型、讓某個新聲明出現、闡述某個無

論是完全變形或是被帶進來的概念、修改某個策略——但它依舊屬於這同一個論述；而且它也描繪了必須實施的規則系統，為的是讓在其他論述（其他實踐、制度、社會關係、經濟過程）裡的變遷可以在既定的論述內部被轉錄，進而建構了一個新的對象、引發一個新的策略、產生新的聲明或新的概念。因此，論述形成並不會扮演使時間停止並凍結數十年或數世紀之久的形態角色；它確定了屬於時間過程的規律性；它提出一系列論述事件與其他一系列事件、轉型、變動及過程之間的銜接原則。這不是永恆的形式，而是多個時間系列之間的對應模式。

形成系統的這個變動性會以兩種方式呈現。首先是在建立起關係的要素的層次方面：事實上，這些要素可能經歷若干內在變動，這些變動被整合進論述實踐裡，而且其規律性的一般形式都沒有任何變異；因此，在整個十九世紀，刑事法學、人口壓力、勞動力需求、救助形式、拘禁的司法

地位和條件，這些都不斷在修改；但是，精神病學的論述實踐持續在這些要素之間建立一個相同的關係集合體；這使得系統保存了其個體性的特徵；透過相同的形成法則，新的對象出現（新的個體類型和新的行為分類都被描繪成具有病理特徵）、新的聲明形態被使用（定量記號與統計計算）、新的概念被描繪（例如退化、反常、神經官能症等概念），當然還可以建立新的理論構造。但是相反的，論述實踐也修改了它們建立起關係的領域。它們建立了只能在其自身層次被分析的特定關係，但這是徒勞無功的，因為這些關係不會只在單一論述中發揮作用：這些關係處於它們相互表達的要素之內。例如，醫院場域一旦透過臨床論述與實驗室連結起來，就非一成不變的：醫院的排程、醫生在醫院裡的地位、醫院的檢視功能、可能在醫院執行的分析層次，這些都必然會被修改。

3. 如果我們把「形成系統」這個術語理解為文本（或話語）透過它們的詞彙、句法、邏輯結構或修辭組織而呈現出來的樣子，那麼我們所描述的這個「形成系統」並不構成論述的最終階段。分析仍在這個明顯的層次這邊，也就是完成建構的層次：在定義論述中的對象分布原則時，分析無法闡明它們所有的連結、它們的精細結構，也無法解釋它們的內在細分部分；它在尋找概念的分散法則時，無法闡明所有的闡述過程，也不能闡明所有它們可能會在其中出現的演繹鏈；儘管它研究了聲明形態，但是它並沒有對風格和句子的連貫性提出質疑；簡而言之，它沒有確定文本（texte）的最終位置。但我們必須清楚地理解：雖然它對這個最後的建構裹足不前，但這不是為了要放棄論述並訴諸無聲的思想工作；也不是為了放棄系統性並揭露試驗、嘗試、錯誤和重新開始的「活生生的」混亂狀態。

就這方面來說，論述形成的分析與許多慣常的描述相反。事實上，我們習於認為論述與其系統性的排序只不過是最終的形態，是關於語言和思想作用、經驗實驗與範疇、經歷與理想必然性、事件偶然性與形式約束作用等漫長曲折闡述的最終審斷結果（le résultat en dernière instance）。在系統可見的外表背後，我們假設混亂有豐富的不確定性；而且在論述的淺薄表層之下，是一個部分沉默的發展總體：一個不屬於系統次序的「前系統性」（présystématique）；一個屬於基本緘默的「前論述」（prédiscursif）。論述與系統只會出現——而且是共同出現——在這個巨大儲存庫的頂端。然而，我們在此分析的當然不是論述的最終狀態；而是使最終的系統性形式成為可能的這些系統；這些都是最終之前的規律性（régularité préterminale），相較於這些規律性，最終狀態遠遠無法建構系統的誕生地，因為最終狀態主要是以其變異來定義。在這個完成的系統背後，形成分析所發現的不是充滿生氣的生命本身，不是尚未捕獲的生命；而是系統性的巨大厚度，是一個多重關係的緊密集合體。再者，這些關係並非文本的結構，它們本質上對論述並不陌生。我們大可將它們形容為「前論述性的」，但前提是承認這個前

論述性依舊是論述，也就是說它們並沒有具體說明一種思想，或是一種意識或一個諸表述的集合體，這些表述事後以一種從來不完全必要的方式轉錄成論述，而是用來形容論述的某些層次，定義了論述作為特定實踐而實行的這些規則。因此，我們沒有試圖從文本過渡到思想、從喋喋不休到沉默不語、從外部到內部、從空間的分散到瞬間的純粹冥想、從表層的多樣性到深層的統一體。我們始終停留在論述的尺度內。

III.

陳述與檔案

III. L'ÉNONCÉ ET L'ARCHIVE

I.
<u>DÉFINIR L'ÉNONCÉ</u>

定義陳述

　　現在，我假設我們已經接受風險；為了闡明論述的廣泛表層，我們十分願意假設這些有點陌生、有點遙遠的形態（figure），我稱這些形態為論述形成；我們已經將書籍與作品這種傳統的統一體擱置在一旁，但這不是永久的，而只是暫時的、是出於方法學上的考量；我們停止將論述的建構法則（以及由此產生的形式組織）或說話主體的境況（以及用來形容此一境況的上下文和心理核心）視作統一體的原則；我們不再將

論述歸於某一經驗的首要基礎、認知的先驗審斷；我們是在論述本身研究它的形成規則。我假設我們同意對諸如對象出現、陳述模式的出現和分布、概念的設置與分散、策略選擇的開展進行長期研究。我假設我們願意建構這些抽象、有問題的統一體，而不願接受那些就算不是不證自明、但至少也是感知上熟悉的統一體。

但是，關於這一點，到目前為止我都談了什麼？我的調查對象是什麼？我的意圖是描述什麼？是「陳述」──它們存於這個不連續性中，這種不連續性會將它們從所有我們接受它們被採用的形式中解放出來，它們也同時存於一般、無限制、看似沒有形式的論述場域之中。然而，關於給陳述下一個初步定義，我是很謹慎的。我沒有試圖隨著研究的進展去建構一個陳述定義，以證明我那個天真的出發點。尤有甚者──而這大概是如此不在意的必然後果──我想知道這一路上我是否有改變方向；我是否有以另一種研究來替代最初的視野；在分析「對象」或「概念」、尤其是「策略」時，這是否依舊是我在談論的陳述；我用來形容論述形成的四個規則集合體是否確實定義了陳述群。總之，我相信我沒有逐漸限縮「論述」這個詞如

此不確定的含義，而是增加了它的意義：有時是所有陳述的一般領域，有時是可以個別化的陳述群，有時是可以闡明若干陳述的規範實踐；而論述這個詞本來應該作為陳述一詞的限制及外殼，隨著我移動我的分析或其應用點、隨著我忽略了陳述本身，難道我沒有使它變得多樣嗎？

因此，現在的任務如下：從陳述的根源去尋找它的定義。並看看這個定義在之前的描述中是否有被確實執行；看看這是否為在論述形成分析中所指涉的陳述。

我多幾次使用陳述這個詞語，這是為了談論（彷彿這是與個體或特定事件有關）「陳述的群體」，或是為了讓陳述與這些應該是「論述」的集合體相互對照（就像將部分與整體區分開來）。乍看之下，陳述似乎就是一個不可分解的最終要素，它有可能被孤立出來，且能和其他與之相似的要素進入一種關係作用之中。這個陳述是一個沒有表層、但可以在分布圖及組合的特定形式中被標定的點。陳述是出現在組織表層的顆粒，它是這個組織的建構要素。它是論述的原子。

問題馬上出現：如果陳述確實是論述的基本統一體，那麼它是由什麼組成的？它有哪些顯著的特點？我們應該接受它有

哪些限制？這個統一體與邏輯學家所謂的命題、文法學家所稱的句子、「分析家」試著標定的 speech act 等統一體，是否相同？在語言研究已經揭示的所有這些統一體中——但是這些統一體的理論通常遠未完成——它們提出的問題是如此困難，而在很多情況下又都難以嚴格界定它們，那麼陳述占據的位置為何？

　　我不認為陳述的必要與充分條件是一個定義明確之命題結構的在場（présence），也不認為每一次只有在命題存在的情況下，才能談論陳述。事實上，我們可以有兩種完全不同的陳述，它們分屬非常不同的論述組合，我們在此只能找到一個命題，它可能有單一且相同的價值、遵循單一且相同的建構法則集合體、包含相同的使用可能性。從邏輯上來說，「沒人聽到」跟「真的沒人聽到」是難以分辨的，而且無法被視作兩種不同的命題。然而，作為陳述，這兩種表達並不相等，也不能互換。它們不可能在論述藍圖中位於相同的位置，也不完完全全屬於相同的陳述群。如果我們在一部小說的第一行讀到「沒人聽到」這個用語，我們就會知道，在新的指令出現之前，這都是作者或角色（以大聲說出或內心獨白的形式）觀察到的；

若我們找到的是第二種表達「真的沒人聽到」，那麼我們只能是處於某個陳述作用之中，這種陳述作用建構了內心的獨白、無聲的討論、與自己的爭論、或是一個對話片段、問題與答案的集合體。在這兩種情況下，命題的結構都是相同的，但是陳述的特徵卻非常不同。另一方面，也可能存有複雜且重複的命題形式，或是相反地存有片段且未完成的命題，在此我們顯然是在處理一個簡單、完整且自主的陳述（即使它是屬於其他陳述的集合體）：我們知道的例子像「現任法國國王是個禿頭」（這不能從邏輯的角度來分析，除非我們承認在單一陳述之下會有兩個不同的命題，每一個命題就自身來說都有可能是真的或假的），或是「我說謊」這類命題，只有在與更低層次的斷定之關係中，這個命題才具有真實性。能定義一個命題的同一性、在表達統一體中區分出多個命題、形容其自主性或完整性的這些標準，都不能用來描述陳述的特定統一體。

那句子呢？我們難道不應該承認句子和陳述之間有等價性嗎？只要有文法上可分離的句子，我們都承認存有獨立的陳述；但是另一方面，當我們觸及句子本身之下的組成成分的層次，就再也不能談論陳述了。為了反對這種等價性，就反駁說

某些陳述可以在「主詞─繫詞─謂詞」的規範形式、簡單的名詞短語（「這個人！」）或副詞（「非常好！」）、或是人稱代名詞（「您！」）之外被組成，這是沒有意義的。因為就連文法學家本身也承認這樣的表達是獨立的句子，即使這些句子是以「主詞─謂詞」模式為基礎，透過一系列的轉型而獲得的。尤有甚者：對於那些沒有被正確建構的語言要素集合體，只要它們是可以詮釋的，文法學家也都賦予「可接受的」句子這樣的地位；另一方面，他們認為可解釋的集合體也具有合乎文法之句子的地位，條件只是這些集合體已經正確形成。由於對句子的定義如此廣泛——而且就某種意義來說是如此寬鬆——我們很難知道如何辨識非陳述的句子，或是非句子的陳述。

但是，這種等價性遠非是全面的；而且引用與句子的語言結構不相符的陳述是相對容易的。當我們在拉丁文法中發現一系列排成一直行的字詞：amo、amas、amat，我們不是在處理一個句子，而是在處理動詞 amare 直陳式現在時的不同人稱詞形變化的陳述。也許我們會說這個例子是有爭議的；也許我們會說這是一個簡單的闡述技巧，這個陳述是一個被省略、被縮寫的句子，它被以一種相對不尋常的方式空間化了，而且必

須將它讀作如下句子：「動詞 *amare* 的第一人稱直陳式現在時是 *amo*」，諸如此類。總之還有其他比較清楚的例子：植物物種的分類表是由陳述而非句子所組成的（林奈的《植物種誌》〔*Genera Plantarum*〕就是一本完全用陳述寫成的書籍，我們只能辨識出數量有限的句子）；族譜、帳簿、貿易盈餘的估計，這些都是陳述：那麼句子在哪裡？我們可以更進一步說明：一個 n 次方方程式或是折射定律的代數公式都必須被視為陳述；再者，雖然它們擁有非常嚴格的文法性（因為它們是由象徵符號組成的，這些象徵符號的意義是由使用規則來確定的，接續性則是由建構法則來支配的），但是它們的標準與能在自然語言中定義一個可接受或可詮釋之句子的標準是不同的。最後是圖示、成長曲線、年齡金字塔、分布的雲層圖，這些都形成了陳述：至於可能伴隨陳述的句子則是詮釋或評註；它們不是陳述的等價物：證據就是在很多情況下，只有無限數量的句子才能等同於所有在這類陳述中被明確表達的要素。因此，總體而言，要透過句子的文法特徵來定義陳述，似乎是不可能。

還有最後一種可能性：乍看之下，這是最有可能的一種。只要我們能辨認並區隔出一個表達行為——就像英國分析家說

的這個「speech act」、這個「言外」（illocutoire）行為──難道我們不能說到處都有陳述嗎？可以理解的是，在此，我們指的不是包含了說話（無論聲音大小）與書寫（用手寫或用打字機）的具體行為；也不是正在說話之個體的意圖（因為他想要說服、他渴望被服從、他力求發現問題的解決方案，或是他希望提供他的新訊息）；亦非指他已說之事物的可能結果（他是否成功說服了，或是引起不信任；我們是否有聽他說話，他的命令是否有被執行；他的懇求是否有被聽見）；我們描述的是在操作出現時，用語本身執行的操作：承諾、命令、法令、契約、參與、觀察。言外行為並不是在陳述的那一刻之前（在作者的思想中，或是在其意圖作用中）發生的事物；也不是在陳述本身之後，可能在它留下的餘波中和它可能造成的結果中所產生的事物；它是因為有陳述這個事實而發生的──而且這個陳述（只有它，別無他者）就正好處於明確定義的情勢之中。因此，我們可以假設，陳述的個別化與表達行為的標定有相同的標準：每一個行為都是在一個陳述中成形的，而每一個陳述的內部都會被這些行為之一占據。它們相互依存、相互作用。

但是，這種相關性是經不起檢驗的。這是因為我們通常必

須有一個以上的陳述來執行一個「speech act」：誓言、懇求、契約、承諾、論證，這些多半都需要若干不同用語或個別分開的句子：我們很難以它們都會被一個單一且相同的言外行為所貫穿為藉口，來否認它們每一個都具有陳述地位。我們或許會說，在這種情況下，行為本身在整個陳述系列中並非是唯一的；在一項懇求裡，有限、接續且並列的懇求行為與不同陳述明確表達出來的要求是一樣多的；在一項承諾裡，約定與由分開的陳述構成的可個別化段落是一樣多的。但是，我們對這個答案可能並不滿意：首先是因為表達行為不再用來定義陳述，而是應該反過來被陳述定義——這正好是問題的所在，也提出了一個個別化標準的需求。此外，某些言外行為只有在多個各安其位的陳述被表達時，才能在它們獨特的統一體之中被視為是完成的。因此，這些行為都是由這些陳述系列或總和、由它們必要的並列所構成的；我們不能認為它們全都出現在最少的陳述中，而且會隨每一個陳述進行更新。再者，我們也不能在陳述集合體和言外行為集合體之間建立一種一對一的關係。

　　因此，當我們想將陳述予以個別化的時候，我們就不能毫無保留地接受借自文法、邏輯或「分析」的模型。在這三種情

況中，我們注意到提出的標準太多、太沉重，它們不會讓陳述整體有所外延，還注意到如果有時陳述確實具備所描繪的形式且完全與之吻合，也有可能不會遵循這些標準：因為我們發現缺乏合理命題結構的陳述；我們發現無法在其中辨認出句子的陳述；我們發現更多無法從「speech acts」區隔出來的陳述。彷彿陳述更微小、更不具決定因素、結構更不嚴謹、跟所有這些形態一樣更無所不在；彷彿陳述的特徵很少、更容易匯集起來；彷彿也正因如此，它否定了描述的所有可能性。更何況我們很難看出陳述位於哪個層次，或是可透過哪種方式來討論之：對於我們前面提及的所有分析，它永遠只是一個載體或意外的物質。在邏輯分析裡，當我們截取並定義命題的結構時，它就是那個「剩下」的東西；對文法分析來說，它是一系列的語言要素，我們在其中可以或無法辨識出句子的形式；對語言行為的分析來說，它表現成語言行為可在其中顯現的可見實體。相較於所有這些描述方法，它扮演的角色是殘留要素、純粹而簡單的事實、不相關的材料。

最後，我們是否必須承認，陳述不可能擁有自己的特徵，而且它不可能有恰當的定義，因為對所有的語言分析來說，它

是外在材料，這些語言以其為基礎來確定屬於它們的對象？我們是否必須承認，任一系列的符號、形態、字體或痕跡——無論它們的組織或概率為何——都足以建構一個陳述；而且正是由文法來說明這是否涉及了一個句子，由邏輯來定義它是否包含一種命題形式，由分析來明確指出什麼樣的語言行為可以貫穿這個分析？在這種情況下，我們必須承認只要有多個並列的符號——而且為什麼不行？——只要有一個、且是單一一個符號，就會有陳述。陳述的閾值應該就是符號存在的閾值。然而，再強調一次，事情沒有這麼簡單，而且要闡明「符號的存在」這類表達的意義。當我們說有符號，而且只要已經有符號就足以有陳述，這是什麼意思？這個「有」（il y a）的獨特地位是什麼？

因為很顯然地，只要語言及伴隨之的符號集合體是存在的，而且這些符號是由它們的對立特點和使用規則來定義，陳述就不存在；事實上，語言從未以其本身和整體性之姿來呈現；它只有以次要的方式並透過以其為對象的描述，才能如此；構成語言要素的符號都是強加於陳述並從內部支配陳述的形式。若沒有陳述，語言將不復存在；但是對於語言的存在來說，沒

有任何陳述是不可或缺的（而且我們永遠可以假設，有另一個不會修改語言的陳述可以替代任何陳述）。對於可能的陳述，語言只能以建構系統之名而存在；但是另一方面，它只能以從真實陳述的集合體中獲取的（或多或少是詳盡的）描述之名而存在。語言和陳述並沒有位於相同的存在層次；而且我們不能說有諸多陳述存在，就像我們說有諸多語言存在一樣。但是，如果語言的符號以這種或那種方式被產生（陳述、描繪、製造、勾勒），如果它們出現在某個時間點和某個空間點中，如果說出它們的聲音或塑造它們的動作都賦予了它們物質存在的尺度，那麼這些符號就足以建構一個陳述了嗎？讓我們舉一個非陳述的例子，我在一張紙上隨手寫下的字母、我們用來印刷書籍的鉛字塊——而且我們不能否認它們具有空間和體積的物質性——這些被陳列出來的、可見的、可操縱的符號，它們都可以被合理地視為陳述嗎？

但是仔細觀察，這兩個例子（鉛字塊和我畫的符號）並非完全可重疊的。我手上能抓住的少數印刷鉛字，或是打字機鍵盤上的字母，這些都不構成陳述：這些頂多就是我們可以用來書寫陳述的工具。另一方面，我在紙上隨手寫下的這些字母，

它們就這樣浮現在我腦海中，而且這是為了表明它們混亂無章、不能建構一個陳述，那麼這些字母是什麼？它們會形成什麼樣的形態？如果不是偶然選出的字母表，難道是除了隨機沒有其他法則的一系列字母陳述嗎？同樣的，統計學家使用的隨機數字表也是一組在句法結構上沒有相互連結的數字記號；然而，它卻是一個陳述：一個數字集合體的陳述，這些數字的取得來自淘汰所有可能增加後續結果之概率性的事物這個過程。讓我們再舉剛才的例子：打字機的鍵盤並非一個陳述；但是打字手冊列出的 A、Z、E、R、T 這同一系列的字母，卻是法國打字機採用的字母順序之陳述。因此，我們在此面臨了若干否定的結果：規則的語言建構並不是用來形成一個陳述的（這個陳述可以由最小概率的系列建構而成）；但是，任何語言要素的物質實現、任何在時間和空間中出現的符號，都不足以讓一個陳述出現並開始存在。因此，陳述的存在模式和語言不同（儘管陳述是由只能在自然或人工語言系統內定義個體性的符號組成的），也和任何賦予感知的對象模式不同（儘管陳述總是具備了某種物質性，而且我們永遠可以根據時空座標來定位它）。

現在還不是回答陳述的一般問題之時，但是我們現在可以勾勒出問題的輪廓：陳述與句子、命題或是言語行為並不具備相同類型的統一體；因此，它不適用於相同的標準；但這也不是一個像是有其限制與獨立性的物質對象那樣的統一體。就其獨特的存在模式（既不完全是語言的，也非全然物質的）而言，陳述對於我們能說是否有句子、命題、言語行為，是不可或缺的；對於讓我們能判斷句子是否正確（或是可接受或可詮釋的）、命題是否合理且組織良好、行為是否符合要求且被確實執行，也是不可或缺的。我們不應在陳述中尋找一個冗長或簡短、結構性強或弱的統一體，而是應該像其他統一體一樣，在邏輯的、文法的或言內的關係中尋找之。與其說這是其中一個要素，是某個分析層次可以辨識出的片段，不如說這是一種功能，對這些不同的統一體來說，這個功能是垂直施加的，而且它讓我們能針對某一系列的符號，說明這些統一體是否出現在其中。因此，陳述不是一個結構（也就是一個可變要素之間的關係集合體，從而能使具體模型的數量可能變得無限）；這是一種本身屬於符號的存在功能，我們能以這個功能為基礎，透過分析或直覺來決定它們是否「有意義」、它們根據哪個規

則來相互接續或並列、它們是什麼事物的符號、它們的（口頭或書寫）表達會產生何種行為。因此，如果我們無法為陳述找到統一體的結構標準，我們也不應該感到驚訝；因為陳述本身不是一個統一體，而是一種功能，它讓結構領域和可能的統一體的領域相互交錯，並以具體的內容在時間和空間之中彰顯它們。

這正是我們現在必須如實描述的功能，也就是描述它的運作、條件、控制它的規則和它在其中被執行的場域。

II.
LA FONCTION ÉNONCIATIVE

陳述性的功能

　　陳述——因此，想要在單一的符號組合中去尋找陳述，是沒有用的。陳述既非短語（syntagme），也不是建構的規則，亦非接續和排列的規範形式，而是能讓這些符號集合體存在、並讓這些規則或這些形式得以實現的事物。但是，儘管陳述讓它們得以存在，卻是以一種獨特的模式來進行的，不能與作為語言要素的符號存在混淆在一起，也不能與這些標記的物質存在混淆在一起，這些標記占據了一個片段，而且持續了一段較

長的時間。我們現在要質問的正是這種存在的獨特模式，這是所有符號系列的特徵——只要這個系列能被表達出來。

a) 讓我們再以這些符號為例，這些符號被塑造或描繪成具有明確的物質性，並以一種任意或非任意的模式來分組，但這無論如何都不符合文法。比如打字機的鍵盤；例如一把印刷鉛字。我只需要將如此既定的符號重新謄寫到紙上（而且是依照它們的接續順序，不產生任何字詞），就足以將它們建構成一個陳述：無論這是依照便於打字的次序而產生的字母符號陳述，或是字母隨機組成的陳述。因此，為了要讓陳述存在，發生了什麼事？跟第一個集合體相較之下，第二個集合體能重新獲得什麼？因為它是副本，所以是重複的嗎？應該不是如此，因為所有打字機的鍵盤都能複製某種模型，所以不會是陳述。是主體的介入？這個答案更是無法令人滿意：因為，只有個體舉措引起的一系列重複，並不足以讓它因而轉型為

一個陳述；而且，認為問題無論如何都不在於重複的原因或起源，而是在於這兩個相同系列之間的獨特關係，也是不充分的。事實上，並不會只因為我們可以在第一個系列的每個要素之間建立一對一的關係（如果是一個純粹簡單的副本，這個關係可用來形容重複的事實，如果我們已經明確跨越聲明的閾值，就可用來形容陳述的準確性；但是它不能定義這個閾值以及陳述的事實本身），就讓第二個系列成為陳述。一系列的符號要變成陳述，條件是它與「其他事物」（這可能與它格外相似，而且幾乎相同，就像我們選用的例子一樣）有一個和它本身有關的特定關係——而不是它的原因，也不是它的要素。

我大概會說在這個關係裡，不存有神祕之處；相反的，它是很常見的，我們從未停止分析之：這是能指和所指的關係、名稱與它所指稱之事物的關係；是句子與其意義的關係；或是命題與其參照的關係。然而，我相信我們可以說明陳述與

被陳述者之間的關聯性不能加疊在任何這些關係
上。

　　即使陳述被簡化為一個名詞短語（「這艘
船！」）、即使它被簡化為一個專有名詞（「皮
耶！」），它與它所陳述事物的關係，都和名詞
與其所指稱或所表明之事物的關係不同。名詞是
一個語言要素，可以在各種文法集合體中占據不
同的位置：因為它的意義是由其使用規則來定義
的（無論是可以被它有效指稱的個體，或是它可
以正確進入的句法結構）；名詞是由其重複的可
能性來定義的。陳述沒有任何重現的可能性；它
與所陳述事物之間的關係並不等同於使用規則的
集合體。這是一種獨特的關係：而且如果在這些
條件之下，相同的表達再次出現 —— 那麼使用的
一定會是相同的字詞，它們本質上也都是相同的
名稱，整體而言就是完全相同的句子，但這不一
定是相同的陳述。

　　我們也不應該將陳述與它所陳述事物之間的

關係，以及命題與其參照之間的關係混淆在一起。正如我們所知，邏輯學家認為「黃金山脈在加州」這樣的命題無法被證實，因為它沒有參照：它的否定因而不會比它的肯定更真實，也不會更不真實。我們是否應該同樣可以說，如果陳述賦予其存在的命題沒有參照的話，那麼陳述就不涉及任何事物嗎？我們更應該肯定這種相反的說法。而且我們要說，不是因為缺少了參照，連帶就會使陳述缺少了相關事物，而是因為正是陳述的相關事物──與陳述有關的、被陳述應用的，不僅是被說出的事物，還有它所談論的事物、它的「主題」──讓我們可以說命題是否有參照：正是它能以確定的方式來決定之。事實上，我們假設「黃金山脈在加州」這樣的表達在地理教科書或遊記中都找不到，而是出現在小說或是任一虛構的記述裡，那麼我們就可以確認它具有真理或錯誤的價值（取決於它指涉的想像世界是否准許這樣一個地質和地理的幻想）。我們必須知道陳述與什

麼有關、它的相關性空間是什麼，如此才能說一個命題是否有參照。「現任法國國王是個禿頭」這個陳述，只有在我們假設它與今日的歷史信息世界有關時，才會缺乏參照。命題與參照的關係不能作為陳述與其所陳述事物之關係的模型及法則。後者不僅與其不在同一層次，而且是在它之前出現的。

最後，這個關係也不能加疊在句子與其意義可能存在的關係上。在文法結構完全正確、但沒有任何意義的著名句子（例如「無色的綠色觀念瘋狂地沉睡著」）上，這兩種關係形式之間的差距是顯而易見的。事實上，我們說一個像這樣的句子是沒有意義的，這是假設我們已經排除了若干可能性：我們認為這不是一場夢境的記述、不是一段詩文、不是一個編碼信息，也不是一名吸毒者的話語，而是某種陳述類型，它必須以一種明確的模式指涉一個可見的現實。正是在一個確定且相當穩定的陳述關係裡，句子與其意義之間

的關係才能被確認。再者，即使我們認為這些句子在陳述層次上是沒有意義的，但它們作為陳述，並沒有被剝奪相關性：首先是那些能讓我們說出「觀念從來就不會是有色或無色的，因此這個句子沒有意義」的相關性（而且這些相關性涉及了一個現實層面，在此，觀念是不可見的、顏色是用來觀看的，諸如此類）；另一方面是那些讓這個句子有價值的相關性，可以讓這個句子作為句法組織正確但缺乏意義的範例（而且這些相關性涉及了語言、其法則與性質的層面）。一個句子很有可能是非能指的（non signifiante），但它作為陳述，卻與某個事物有關。

至於這個專門形容陳述的關係 —— 這個關係似乎是不言而喻地由句子或命題來假設，而且似乎是先於它們的 —— 我們要如何定義？如何將它從我們通常會混淆在一起的這些意義關係或這些真理的價值中抽離出來？無論是什麼樣的陳述，不管我們把它想得多簡單，它都沒有把某個

句子的字詞所指稱的個體或對象當作相關事物（corrélat）：在「黃金山脈在加州」這個陳述裡，相關事物不是這個由作為主體的名詞短語來指稱的真實或想像的、可能或荒謬的形成。但是，陳述的相關事物也不是一種事物的狀態，或是一種可以用來驗證命題的關係（在我們選用的例子裡，這應該是確定區域中某座山脈的空間性包含）。相反的，可以定義為陳述的相關事物的，是這類對象可在其中出現、或這類關係可在其中被確認的領域集合體：例如，這會是一個物質對象的領域，這些物質對象擁有若干可觀察到的物理性質、可感知大小的關係 —— 或是相反的，這會是一個虛構對象的領域，這些虛構對象具備了隨意的性質（即使這些性質都有某種穩定性和同一性），沒有實驗或感知驗證的審斷；這會是空間和地理定位的領域，帶有座標、距離、鄰近關係和包含關係 —— 或是相反的，這會是一個象徵性隸屬和祕密同源關係的領域；這會是一個對象的領域，

這些對象存於陳述被明確表達的同一時刻以及同一個時間尺度裡，或者這會是屬於另一個現在時（présent）的對象領域——這個現在時是由陳述本身指出與建構的，而不是陳述本身也隸屬的。陳述不會與相關事物相面對（而且是在某種面對面的情況下）——或者不缺乏相關事物，不像一個命題會有（或者沒有）一個參照，不像一個專有名詞會（或者不會）指稱一個個體。更確切地說，它與「參照系統」（référentiel）有關，這個參照系統並不是由「事物」、「事實」、「現實」或「存有」建構而成的，而是由可能性的法則、存在的規則建構而成的，這些法則和規則針對的是在其中被命名、指稱或描述的對象，針對的是在其中被肯定或否認的關係。陳述的參照系統形成了地點、條件、出現的場域、個體或對象分化的審斷、事物的狀態、以及陳述本身運作的關係；它定義了賦予句子一個意義、賦予命題一個真理價值之事物出現和界定的可能性。正是這個集合

體，透過與其文法層次和邏輯層次的相對立，描繪出表達的陳述層次特徵：藉由與這些不同的可能性領域之關係，陳述將一個短語或是一系列的象徵符號變成一個我們可以或無法賦予意義的句子、一個可以或無法獲得真理之價值的命題。

無論如何，我們見到此一陳述層次的描述不能透過形式分析、語義研究或驗證來進行，而是要透過陳述與分化空間之間的關係分析來進行，而陳述自己在這種分析中彰顯出各種差異。

b) 再者，陳述與任一語言要素系列都是有區別的，因為它與主體保持了一種確定的關係。我們必須詳述說明的，正是這種關係的性質，尤其要釐清我們可能與陳述混淆在一起的那些關係。

事實上，我們不應該將陳述的主體簡化為在這個句子裡以第一人稱出現的文法要素。首先，因為陳述的主體並不存於語言短語之中；其次，因為一個不包含第一人稱的陳述仍有一個主體；

最後也是最重要的，所有具備固定文法形式的陳述（無論是第一人稱或第二人稱）與陳述的主體都沒有一個單一且相同的關係類型。我們很容易設想這個關係和在「夜幕降臨」、「有果就有因」這類陳述裡的關係是不同的；至於「長久以來我都很早就去睡覺」這種類型的陳述，如果我們是在談話中聽到這個陳述，或者如果是在《追憶似水年華》（*À la recherche du temps perdu*）這本書的第一行讀到它，那麼陳述主體的關係也是不同的。

這個位於句子之外的主體，不就只是表達或書寫此一句子的這個真實個體嗎？我們知道，沒有符號，就沒有人能將它們說出來，總之就是沒有傳送要素之類的事物。為了讓一系列的符號存在，必須——根據因果關係系統——有一個「作者」或一個生產審斷。但是這個「作者」不等同於陳述主體；而他與表達所維持的生產關係不能加疊在連結陳述主體和其所陳述事物之間的關係上。我們不拿在物質上經過加工或勾勒的符號集

合體作為例子，因為這可能過於簡單：它們的產生確實包含了作者，但是沒有陳述，也沒有陳述主體。為了指出符號傳送者和陳述主體之間是分開的，我們也可以提出由第三者閱讀的文本或背誦角色的演員作為例子。但這些都是極特殊的案例。一般來說，至少乍看之下，陳述主體似乎正是那個為了要有意義而從中產生不同要素者。但是，事情並沒有這麼簡單。在一部小說裡，我們很清楚地知道表達的作者就是名字出現在書籍封面的這個真實個體（這也提出了對話要素、與角色思想有關之句子的問題；還有以筆名發表文章的問題：而且，當詮釋性分析的支持者想要全盤將這些表達和文本的作者、他想要說的、他所想的連結起來，簡而言之，就是連結他們為抑制這個有不同層次的金字塔而依據的巨大、沉默、未顯現、統一的論述時，我們知道這些重複會為他們帶來的所有困難）；但是，除了這些與個體—作者不同的表達審斷以外，小說的諸陳述也沒有

相同的主體，這取決於它們是否 —— 例如從外部 —— 提供所述故事的歷史與空間標定，取決於它們是否將事物描繪成匿名、隱形、中立、與虛構形象神奇地混淆在一起的個體，或是取決於它們是否透過內在且立即的辨讀來提供一個角色默默經歷的口頭版本。儘管它們的作者是相同的，儘管他只將它們歸因於他自己，儘管他沒有在自己和正在閱讀的文本之間發明一個額外的中繼站，但是這些陳述對陳述主體而言，並不意味著有相同的特徵；它們在此一主體和主體正在陳述的事物之間並不含有相同的關係。

我們或許會說，小說文本這個經常被引用的例子並沒有作為證據的價值；或者更確切地說，它質疑的是文學的本質，而不是一般陳述主體的地位。作者在文學中缺席、躲藏於其中、在此受到託付或自我分裂，這些應該就是文學的特性；因此，我們不應該以普遍的方式從這種分離中得出這樣一個結論，認為陳述主體在任一方面 ——

本質、地位、功能、同一性──都與表達的作者不同。但是，這個差距並不僅限於文學。這絕對是普遍的，因為陳述主體是一個確定的功能，但是從這個陳述到另一個陳述時，功能不一定相同；因為這是一個空洞的功能，當個體偶然要明確表達陳述時，可以由這些在某種程度上無關緊要的個體來填補；這也是因為單一且相同的個體可以在一系列的陳述中輪流占據不同的位置，並扮演不同主體的角色。以一篇數學論文為例。在序文裡，我們解釋了寫這篇論文的理由、背景、要回應哪個未解決的問題、或出於什麼樣的教學疑慮、使用哪些方法、經過了哪些摸索及失敗，在此，陳述主體的位置只能由這個表達的作者或作者們所占據：因為主體的個別化條件確實非常嚴格，數量極多，而且在這種情況下只准許有一個可能的主體。相反的，在這篇論文的正文中，如果我們遇到例如「和第三個量相等的兩個量是彼此相等的」之類的命題，那麼陳述的主體就位於絕對

中立的位置，與時間、空間、情境都無關，但是在任何語言系統、任何書寫或象徵符號化編碼中都是相同的，任何個體都能占據這個位置來確認這樣一個命題。另一方面，像是為了要陳述「我們已經證明……」這種類型的句子，就會包括了之前表達不涉及的精確上下文條件：這個位置因而被固定在一個有限陳述集合體建構的領域之內；它位於一系列應該已經發生的陳述事件裡；它在一個指示性的時間（un temps démonstratif）內被建立起來，在這個時間裡，先前的時刻永遠不會消失，這些時刻因而不需要為了再次呈現而一致地重新開始與重複（只要提一下，就足以使它們在其起源有效性中被重新激起）；這個位置由先前存在的若干有效操作來確定，這些操作不一定由單一且相同的個體（正在說話者）來執行，但是它們理當屬於陳述主體、為其所用、必要時可以由其重新發揮作用。我們將透過這些要求和可能性的集合體來定義這種陳述的主體；但我們不會

將它描述成一個可能實際進行操作的個體，這個個體存於一個沒有遺忘或斷裂的時間裡，他會在其意識範圍裡將一個真實命題的集合體予以內在化，他會在其思想的當下保留這個命題集合體的潛在重現（對這些個體來說，這至多只是作為陳述主體時，其位置的心理學面向和「體驗」面向）。

我們應該能以同樣的方式描述陳述主體在例如「我把點的集合體稱做直線……」或「任何要素的有限集合體」這些句子裡的特定位置；無論是哪個例子，主體的位置都與當前且確定之操作的存在有關；無論是哪個例子，陳述主體也是操作主體（建立定義的人也是陳述定義的人；提出其存在的人也是同一時間提出陳述的人）；最後，無論是哪個例子，主體透過這個操作和這個操作在其中形成的陳述，將它的陳述與其未來的操作聯繫起來（作為陳述主體，他接受這個陳述作為他自己的法則）。但還是有一個不同點：在第一個例子裡，被陳述的是一種語言常規──陳述主

體必須使用這個語言並在其中被定義：陳述主體和被陳述的事物因而都位於同一個層次（然而對形式分析來說，一個像這樣的陳述意味著後設語言〔méta-langage〕特有的落差）；相反的，在第二個例子裡，陳述主體讓一個屬於已定義之領域的對象存於他自身之外，這個對象的可能性法則已經被闡明，而且其特徵比它提出的陳述還要更早出現。我們前面已經見到，在肯定一個真實命題時，陳述主體的位置並不總是相同的；我們現在看到，在陳述本身裡進行操作時，這個位置也不會相同。

因此，我們不應該認為陳述主體等同於表達的作者。無論是在實質上或是在功能上，皆是如此。事實上，它並不是「一個句子的書寫或口頭闡明」此一現象的原因、起源或出發點；它也不是那個有意義的企圖，亦即默默地超前於字詞，將它排列成其直覺的可見實體；它不是陳述反過來會在論述表層顯現出來的一系列操作穩定、靜

止、與自身相同的來源（foyer）。它是一個確定的空位，實際上可以由不同的個體來填補；但是這個位置不是被斷然定義並一成不變地被保留在整個文本、書籍或作品中，而是會變化的——或者更確切地說，它的變化足以讓它透過諸多句子來保持自身的同一性，或是隨著每一個句子來改變。它是一種維度（dimension），用來形容作為陳述的整個表達。它是陳述功能的特點之一，且能讓我們描述這個陳述功能。如果一個命題、一個句子、一個符號集合體可以被稱為「陳述」，這不是因為某天有人將它們說了出來，或是在某處留下它們的暫時痕跡；這是因為主體的位置是可以被指定的。描述一個作為陳述的表達，並不在於分析作者與其所言（或想言、或不由自主言出的事物）之間的關係，而是在於確認每一個體作為其主體可能且應該占據什麼樣的位置。

c) 陳述功能的第三個特徵：如果沒有聯合領域的存

在，這個功能就無法施行。這讓陳述變成另一種事物，而且不僅僅是一個純粹的符號組合，這個符號組合只需要一個物質載體——銘刻的表層、發聲的物質、可塑的材料、痕跡的切口——就能存在。但最重要的是，這也讓它與句子和命題有了區分。

以字詞或象徵符號的集合體為例。為了確定它們是否真的建構了像句子一樣的文法統一體，或是像命題一樣的邏輯統一體，我們必須確定這個集合體是根據什麼規則構成的，而且這樣就夠了。「皮耶昨天就到了」（Pierre est arrivé hier）形成了一個句子，但「昨天是皮耶到了」（Hier est Pierre arrivé）就不是一個句子：A + B = C + D 構成一個命題，但 ABC + = D 則不是。只有參考語言的系統——自然的或人工的——來檢驗語言要素與其分布，才能區分什麼是命題與非命題、是句子或單純只是字詞的累積。尤有甚者，這個檢驗足以確定我們討論的句子屬於哪種文法結構

類型（包含名詞主語的肯定句過去時，諸如此類），或是確定提及的一系列符號符合哪種命題類型（兩個加法之間的對等式）。我們至少可以在沒有其他句子或命題作為其上下文、沒有任何相關句子或命題之集合體的情況下，構思「單獨」被確定的句子或命題：在這些條件下，就算它們是無用且無法使用的，即使如此，都不妨礙我們辨識出它們的獨特性。

我們大概會提出若干異議。例如，認為一個命題只有在知道它遵循的是什麼公理系統這個條件下，才能被建立及個別化：書寫的這些定義、這些規則、這些常規，它們不都形成了一個無法與命題分開的相關領域嗎？（同樣的，如果要辨識一個句子及某種類型的句子，那麼在主體能力中默默作用的文法規則也是必要的）但是我們必須指出，這個集合體——實際的或潛在的——與命題或句子都不在同一個層次：然而它與它們的要素、可能的連貫性及分布有關。它與它們沒有

相連：它是由命題或句子設定的。我們也可能反
駁說，許多（非同義反覆的）命題不能只根據它
們的建構規則來驗證，還必須援引參照來決定它
們的真假：但無論是真是假，命題仍然是命題，
而且不是援引參照就能決定它是否為一個命題。
這同樣適用於句子：在許多情況下，句子只能產
生與上下文有關的意義（句子或者包含了指向具
體情況的「指示性」要素；或者使用指明說話主
體與其對話者的第一或第二人稱代詞；或者使用
代詞要素、或者使用與前後句子有關的連接詞）；
雖然句子的意義不完善，但這並不妨礙句子在文
法上的完整和自主。當然，我們不是很清楚像「那
個嘛，我明天跟您說」這樣一個字詞集合體「想
要說」什麼；總之，我們無法推定明天是哪一天，
無法講出對話者的名字，也無法猜測會說什麼。
但這仍是一個被完美界定、符合法文建構規則的
句子。最後，我們可能會提出異議，說沒有上下
文的話，有時很難定義一個句子的結構（「如果

他死了，我永遠都不會知道這件事」可以被建構成：「要是他死了，我將永遠都不會知道這件事」；或者「我永遠不會被告知他的死訊」）。但是，這裡的模稜兩可完全是可以定義的，我們可以列舉同時發生的可能性，而且這也是句子結構本身的一部分。一般而言，我們可以說一個句子或一個命題——即使是孤立的、即使與闡明它的自然情境隔絕了、即使從它可能默認或明白提及的所有要素中脫離或切除——永遠都是一個句子或一個命題，而且永遠都有可能如實辨識出它來。

另一方面，陳述功能——藉此可清楚說明它不是先決要素純粹且簡單的建構——不能作用在一個不拘形式的句子或命題上。為了要有一個陳述——為了要與陳述有關——只說出一個句子是不夠的，甚至只是在與對象場域的確定關係中，或是只在與主體的確定關係中說出這個句子，都是不夠的：這個句子必須與整個鄰近場域有關係。或者更確切地說，因為這不是一個加疊在其他關

係之上的補充關係，所以我們不能只說出一個句子，我們不能在周遭空間未被使用的狀況下，就讓這個句子成為一個陳述的存在。一個陳述總是有其他的陳述來填補邊緣處。這些邊緣處不同於我們通常所理解的「上下文」──真實的或口頭的──也就是不同於形成表達並確定其意義的情境或語言要素集合體。它們與它的區別在於它們使之成為可能：如果我們處理的是小說或物理論文，那麼句子與其周圍句子之間的上下文關係就會有所不同；若涉及的是對話或實驗報告，那麼表達和客觀環境之間的上下文關係就會不同。只有在表達之間更普遍的關係基礎之下、在整個字句網絡的背景之下，上下文的效應才能被確定。這些邊緣處不等同於主體說話時，腦中可能呈現的不同文本和句子；再者，它們比這個心理性環境更具外延性；它們在某種程度上確定了這個心理性環境，因為根據一個表達在所有其他表達中的位置、地位和角色──根據它是屬於文學場域，

或是它應該像一個無足輕重的言詞一樣消逝，根據它是否屬於記述或是否支配了論證——其他陳述在主體意識中的在場方式也會不同：無論在此或在彼，發揮作用的語言經驗、字句記憶、已說之事物的浮現都沒有位於相同的層次，也沒有相同的形式。表達的心理學光環受到陳述場域部署的遠端控制。

這種把一個句子或一系列的符號變成一個陳述，並使它們具有確定的上下文與特定代表性內容的相關領域，會形成一個複雜的構造。首先，它是由一系列其中含有陳述的其他表達構成的，這個陳述形成了一個要素（一種形成對話的回應作用，一種一方面受到其前提限制、另一方面受到其結論限制的論據結構，一組能構成一個記述的確認）。它也是由陳述（默認地或明顯地）參照的表達集合體所組成的，為的是要重複它們，或是修改或改編它們，或是為了反對它們，或是為了由它來談論它們；沒有任何陳述不是以這樣

或那樣的方式來更新其他陳述的（記述中的慣常要素；論證中已被接受的命題；對話中的慣用句子）。它亦是由表達集合體構成的，陳述掌握了這些表達之後的可能性，而這些表達可以在陳述之後出現，以作為其結果、或是其自然延續、或是其回應（這個次序展示的陳述可能性不同於公理系統的命題或記述的開場所展示的）。最後，它由與相關陳述共享地位的表達集合體構成，這個陳述在這些表達中占有一席之地而無須考慮線性次序，它隨著這些表達一起消失，或是相反地一起被重視、被保存、被神聖化，並作為可能的對象提供給未來的論述（一個陳述不能脫離它可以被接受為「文學」、或是可被遺忘的不重要言詞、或是永恆的科學真理、或是預言性話語等等地位）。一般而言，我們可以說語言要素的序列並非是一個陳述，除非這個序列融入一個它在其中以單一要素出現的陳述場域裡。

　　陳述不是直接投射在確定情境或表述集合體

的語言層面。這不是單純由說話主體執行的若干語言要素和規則。從一開始，自其根源起，它就顯現在一個它於其中具有位置和地位的陳述場域裡，對它來說，這個場域具備與過去的可能關係，並向它開啟了一個可能的未來。所有的陳述都是這樣被闡明的：沒有一般性的陳述，沒有不拘形式、中性且獨立的陳述；但永遠都有一個屬於一個系列或一個集合體的陳述，它在其他陳述之中發揮作用、利用它們並與它們做出區隔：它永遠都會被整合進陳述作用裡，無論它在其中占的部分有多輕微、多細小。然而當文法結構只需要要素和規則就能被執行；當我們至少應該可以構思一種語言（當然是人工的語言），它只會被用來建構一個句子；當字母表、形式系統的結構和轉型規則是既定的，我們就完全可以定義這個語言的第一個命題，但是對陳述來說就不一樣了。沒有一個陳述不需要以其他陳述為前提；任何陳述的周圍都有一個共存場域、系列和接續性影響的

場域、功能和角色的分配。如果我們可以談論一個陳述，那是因為一個句子（一個命題）在一個明確點上，以一個確定的位置顯現在一個超越它的陳述作用裡。

　　在這個陳述共存的基礎上，句子之間的文法關係、命題之間的邏輯關係、對象語言和定義規則的語言之間的後設語言關係、句子群（或要素）之間的修辭關係，這些都會在一個自主且可描述的層次上清楚顯現。分析所有這些關係當然可以不用將陳述場域本身，也就是在其中行使陳述功能的共存領域視為主題。但是，只有當這些句子「被陳述出來」時，它們才有可能存在且能被分析；換句話說，就是只有當這些句子是在一個能讓它們相互接續、按序而來、共同存在、對其他陳述發揮作用的陳述場域中展開時。陳述遠非是諸能指集合體（有意義的「原子」，亦即開始具備意義的最小值）的個別化原則，而是能將這些有意義的統一體置於一個可讓它們增多與累積之

空間中的事物。

d) 最後，為了讓一個語言要素序列能被當作陳述並
予以分析，就必須滿足第四個條件：它必須具有
某種物質的存在。如果聲音沒有將陳述表達出來，
如果表層沒有為它提供符號，如果它沒有在可感
知的要素中成形，如果它沒有在記憶或空間中留
下——即使只是片刻的——痕跡，我們可以談論
陳述嗎？我們可以說陳述就像是一個理想且沉默
的形態嗎？陳述總是透過物質的厚度來假定，即
使這個厚度被遮住、即使它一出現就注定要消失。
陳述不僅需要這種物質性；而且一旦它所有的決
定因素都被確實確定了，這種物質性就不是陳述
的額外補充了：從某方面來說，這種物質性構成
了陳述。儘管一個句子是由相同的字詞組成、具
備完全相同的意義、保有句法及語義上的同一性，
但如果它是由談話中的某一個人說出的，或是印
刷在一部小說裡；如果是幾個世紀前的某一天寫

成的，而且如果它現在又以口頭的表達形式重現，那麼這個句子都不會構成相同的陳述。陳述的標誌和物質地位都是其內在特徵的一部分。這是顯而易見的。或幾乎是顯而易見的。因為一旦我們稍加注意，事物就會變得混亂，問題就會增加。

當然，我們會試著說如果陳述可以至少部分用它的物質地位來形容，而且如果它的同一性對這個地位的變化很敏感，那麼句子或命題也是如此：事實上，符號的物質性與文法或甚至邏輯並非是完全無關的。我們知道被使用之象徵符號的物質穩定性會對物質性提出什麼樣的理論問題（如何透過象徵符號能在其中成形的不同物質，以及它可以容忍的形式變化來定義象徵符號的同一性？如果必須將它定義成「一個具體的實體」，那我們要如何辨別並確保它是同一個？）；我們也很清楚一組象徵符號的觀念本身為它帶來的問題（「先於」和「後於」是什麼意思？「先來」與「後到」的意思嗎？這樣的排序是位於什麼樣

的空間之中？）。更為人所知的是物質性和語言之間的關係——也就是書寫和字母表的角色，因為在書寫文本和對話、報紙和書籍、信函與海報中所使用的語法和詞彙都是不同的；再者，有些一連串的字詞會形成非常個別化且完全可以接受的句子，儘管它們出現在報紙的大標題中，但它們在對話過程裡永遠不會等同於一個有意義的句子。然而，物質性在陳述中扮演的角色更為重要：因為它不僅是變化的原則、辨識標準的修改、或是語言子集合體的確定。它也是陳述本身的構成部分：陳述必須有實質內容、載體、地點與日期。而當這些要求被修改時，它自己的同一性也改變了。一堆問題馬上出現：大聲或低語重複一個相同的句子，這個句子會形成一個或多個陳述？當我們熟記一篇文章時，每一次的背誦都會產生一個陳述，或是必須認為這是在重複相同的陳述？一個被忠實翻譯成外文的句子：這是兩個不同的陳述，或是只有一個陳述？集體朗讀——祈禱文

或課文 —— 時，這應該算有多少個陳述？如何透過這些多次出現、這些重複、這些轉錄來建立陳述的同一性？

這個問題大概是因為我們經常搞混不同的層次而變得難以理解。首先，我們必須排除聲明的多樣性。我們會說每一次有符號集合體被傳播時，就會有聲明。每一個這些表達都有自己的時空個體性。兩個人可以同時說同樣的事物；但因為他們是兩個人，所以就會有兩個不同的聲明。一個單一且相同的主體當然可以多次重複相同的句子；但隨著時間，就會出現同樣多的不同聲明。聲明是一個不會重複的事件；它具有位置和日期都確定的獨特性，這是我們無法簡化的。然而，這種獨特性允許有一定數量的常數：文法的、語義的、邏輯的，透過這些常數，我們可以消除聲明的時刻和使之個別化的標誌，進而辨識出一個句子、一個意義、一個命題的一般形式。因此，聲明的時間和地點、它所使用的物質載體就變得

無關緊要了，至少絕大部分的時候是如此：它擺脫的正是一種可以無限重複的形式，這種形式可以產生最分散的聲明。然而，陳述本身不能被簡化為這個純粹的聲明事件，因為儘管它具有物質性，但它是可以被重複的：我們可以毫不費力地說，兩個人在稍微不同的情況下說出的同一個句子都只會構成一個陳述。但是，這個陳述不能被簡化為一個文法或邏輯形式，因為陳述以不同的模式，比這個形式對材料、實體、時間和地點的差異更敏感。因此，這個陳述特有的物質性、這個准許某些重複之特殊類型的物質性是什麼？當存有多個不同的聲明時，我們要怎麼做才能談論相同的陳述──然而我們確實必須談論可以在其中辨識出相同形式、結構、建構規則、目標的多個陳述？因此，這個用來形容陳述的可重複物質性（matérialité répétable）的體系是什麼？

這應該不是一個敏感的、質量的、以顏色與聲音或堅實形式被假定的、由與感知空間相同的

時空標定來定位的物質性。舉一個非常簡單的例子：一份重複多次的文本、一本再版多次的書籍、同一刷本的不同樣本，這些都不會產生同樣多的不同陳述；在《惡之華》（*Fleurs du Mal*）的所有版本裡（除了有變動和被禁止的段落），我們找到的是相同的陳述作用；然而，無論是字體、墨水、紙張、或甚至是文本的排列和符號的位置，都不會是相同的：整個物質性的顆粒都改變了。但是在此，這些「小小的」差異並不能有效地完全改變陳述的同一性並讓另一個陳述出現；這些差異在「書籍」的一般要素中——當然是物質上的，但也在制度和經濟方面——都失去了作用：一本書，無論有多少刷次或版本，無論它可以使用的各種實體是什麼，對陳述來說，這都是一個具有完全等價性的地方，也是一個無須改變同一性的重複的審斷。我們從第一個例子中可見到，陳述的物質性不是由被占據的空間或表達的日期來定義的；而是透過事物或對象的地位來定義的。

這個地位從來就不是最終的，而是可以修改的、相對的、而且總是很容易就會遭到質疑的：例如，我們很清楚知道，對文學史學家來說，一本作者細心出版的書籍，其地位和他死後出版的書籍是不同的，陳述在此有獨特的價值，它們不是單一且相同之集合體的表現之一，它們都是書中存在且必須要重複的事物。同樣的，在憲法、遺囑或宗教啟示的文本，以及所有以相同的書寫、相同的字體並在類比的實體上正確複製它們的手稿和印刷品之間，我們不能說存有等價性：因為一方面是陳述本身，另一方面是它們的複製品。陳述不等同於物質的片段；但是它的同一性會隨著物質制度的複雜體制而有所變化。

因為，寫在紙上的手稿或出版成冊的陳述可以是相同的；無論是口頭述說、印成海報、用錄音機錄製，它都可以是相同的；另一方面，當小說家在日常生活中隨便說出一個句子，接著把這句話寫入他正在撰寫的手稿中，並將它賦予

給某個角色，或是讓這個被認為是作者的匿名者來講述這個句子，我們不能說在這兩種情況下，陳述還是相同的。因此，陳述必須遵循的物質性體制，與其說是時空定位，不如說是制度；它定義的是重新紀錄和轉錄的可能性（possibilités de réinscription et de transcription），還有閾值和限制的可能性，而不是受到限制和會消失的個體性。

陳述的同一性受制於第二種涉及條件和限制的集合體：這些條件和限制會透過有該陳述出現的所有其他陳述集合體、可以使用或應用該陳述的領域、它必須扮演的角色或功能來強加於之。像「地球是圓的」或是「物種在進化」這樣的斷言，無論是在哥白尼之前與之後，或是在達爾文之前與之後，都不會構成相同的陳述；對於這些簡單的表達，被改變的不是字詞的意義；被修改的是這些斷言與其他命題之間的關係，是它們的使用和再投入的條件，是經驗的場域、可能驗證的場域、可以參照的要解決之問題的場

域。「夢實現慾望」這個句子可以被重複幾個世紀；但是對柏拉圖和佛洛伊德來說，這是不同的陳述。對陳述來說，使用的範式、運用的規則、它們可在其中發揮作用的叢集、它們的策略潛在性，這些都構成了一個穩定化的場域（champ de stabilisation），儘管聲明各有不同，但這個場域能使陳述在它們的同一性中重複之；然而這同一個場域也能在最明顯的語義、文法或形式的同一性中定義一個閾值，過了這個閾值就不再有等價性，而且必須承認有一個新陳述的出現。但是我們大概有可能更進一步：我們可以認為只有一個相同的陳述，但是在這個陳述裡，字詞、語法、語言本身都不會是相同的。不論是一個論述與其同步翻譯；或者是一篇英文科學文本與其法文譯本；或是使用三種語言的三欄評論：並不是說有多少語言就有多少陳述，而是只有一個具不同語言形式的陳述集合體。尤有甚者：一則既定的資訊可以用其他字詞、簡化的語法或商定的代碼來重新

傳遞；如果訊息內容和使用的可能性都是相同的，那麼我們可以說兩者的陳述確實是相同的。

再者，問題也不在於陳述的個別化標準；而是它的變化原則：它有時比句子的結構更多樣（而且它的同一性比語義或文法集合體的同一性更精細、更脆弱、更容易修改），有時又比這個結構更穩定（而且它的同一性因而更廣泛、更穩定、更不易有所變化）。尤有甚者：相較於句子的同一性，陳述的這個同一性不僅不能斷然地被定位，而且它本身是相對的，會根據我們對陳述的使用和操作方法來變動。當我們使用一個陳述來呈現文法結構、修辭配置或它帶有的含義，我們顯然無法將它的原文和譯文視作是相同的。另一方面，若我們想要讓它進入經驗驗證的程序，那麼原文和譯文確實就建構了相同的陳述集合體。又或者在某個宏觀歷史的尺度裡，我們可以認為像「物種進化」這樣的斷言，無論是達爾文或辛普森（Simpson）的陳述都是相同的；但是就更細緻的

層面來講，並考慮到更有限的使用場域（「新達爾文主義」與狹義達爾文系統的對立），我們要處理的是兩個不同的陳述。陳述的穩定性、陳述透過聲明的各種特殊事件來維持的同一性、陳述透過形式同一性來維持的重複性，這一切都與陳述投入的使用場域（champ d'utilisation）有關。

我們見到，陳述不應該被當作一個可能在特定時間和地點發生的事件，而且完全可能在一個記憶行為中被憶起──並從遠處被慶祝。但是我們見到，它也不是一個我們永遠可以在任何實體、在一個無關緊要的集合體、在任何物質條件下實現的理想形式。陳述過於被重複，因而完全無法與它產生時的時空標誌（有別於它出現時的日期和地點）連結在一起，它與其周圍及承載它的事物太過緊密相繫，因而也無法像一個純粹形式（有別於一個要素集合體的建構法則）那樣自由，它具有某種可改變的沉重、一種與其所處場域有關的重量、一種准許多種用途的穩定性，還有一種

無簡單痕跡的慣性、不會沉溺於自己過去的時間恆常性。一個聲明可以被重新開始（recommencé）或被重提（ré-évoqué），一個形式（語言或邏輯的）可以被更新（réactualisé），但是陳述本身就有能力被重複（répété）：不過永遠都要在嚴格的條件之下。

這種用來形容陳述功能的可重複物質性讓陳述看起來像是一個特定、矛盾的對象，而且是人類生產、操作、使用、傳遞、交換、聯合、分解和重組、甚至可能毀滅的對象之一。陳述不是一個能被斷然說出的事物——而且會像一場戰事的決策、一場地質性災害或國王駕崩那樣消失在過去之中——陳述在其物質性之中出現時，也帶著某種地位出現在各網絡之中、置身於使用的場域裡、呈現出可能的轉移與修改、被納入其同一性可在其中被維持或被刪除的操作與策略內。陳述因而是流通的、可使用的、避開的，有助於或能阻止實現慾望、順從或違背利益、投身於爭議與鬥爭之列，成為適應或競爭的主題。

III.
LA DESCRIPTION DES ÉNONCÉS

對諸陳述的描述

分析的前沿有了很大的變動；我曾經想要重新採用這個一開始就被擱置的陳述定義。一切都發生了，一切都被說出了，彷彿陳述是一個很容易建立的統一體，問題只在於描述組合的可能性和法則。然而，當我回顧我的步伐，我發現我無法將陳述定義成一個語言類型的統一體（高於音素和字詞、低於文本）；但是我處理的更像是一種陳述功能，能讓各種統一體發揮作用（這些統一體有時可以與句子吻合，有時與命題吻合；

但它們有時是由句子的片段、一系列的符號或符號表、命題或是等價表達的作用所形成）；這個功能沒有賦予這些統一體一個「意義」，而是將它們與對象的場域連結在一起；沒有給它們一個主體，而是為它們開啟可能之主觀立場的集合體；沒有設定它們的限制，而是將它們置於一個協調且共存的領域裡；沒有確認它們的同一性，而是將它們放在一個它們被投入、被使用與被重複的空間中。簡而言之，被揭露的不是原子般的陳述（énoncé atomique）——連同它的意義影響、起源、界線與個體性——而是陳述功能的執行場域及其藉以產生不同統一體的條件（這些統一體可以是文法或邏輯上的，但這並非是必要的）。但是我現在必須回覆兩個問題：現在要如何理解最初提出的描述陳述之任務？陳述的這個理論如何與論述形成的分析一致，而這個分析在理論出現之前就被勾勒出來了？

<u>A</u>

1. 首先要注意詞彙的確認。如果我們同意將自然（或人工）語言有效產生的符號集合體稱為口頭表現

（performance verbale），或確切的稱法是語言表現（performance linguistique），那麼我們應該可以把在任何材料上、依某種確定形式使這個符號群出現的個體行為（或嚴格來說是集體行為）稱為是一種表達（formulation）：表達是一個事件，它至少理當永遠可以根據時空標誌來標定，它總是與某個作者有關，而且它有可能自行建構一個特定的行為（像英國分析家說的一個「行事的」〔performatif〕行為）；我們把文法或邏輯可以在某個符號集合體中辨識出來的那些統一體稱做句子或命題；這些統一體永遠能以在其中顯現的要素及將它們連結起來的建構規則來形容；相較於句子和命題，有關起源、時間和地點、上下文等問題都只是補充性的；具決定性的問題是對它們進行校正的問題（即使是以「可接受性」的形式出現）。我們將這個符號集合體特有的存在形態稱為陳述：這個形態使它不同於一系列的痕跡，不同於實體上的一連串記號，不同於任何人為製

造的對象；這個形態讓它能與對象的領域產生關聯、為任何可能的主體規定一個確定的位置、使之置於其他口頭表現之中、具備一種可重複的物質性。至於論述這個詞語，我們在此以各種不同的意義來使用、甚至濫用了它，現在我們可以理解它之所以模稜兩可的原因：它以最普通、最懸而未決的方式指出一個口頭表現的集合體；我們曾將論述理解為符號集合體產生的（或許是全部被產生的）事物。但是我們也曾將它理解為一個表達行為的集合體、一系列的句子或命題。最後──而最終獲得青睞的正是這個意義（並以第一個意義作為它的範圍）──論述是由一個符號序列的集合體建構而成的，前提是這些符號序列就是陳述，也就是說我們可以確定它們特定的存在形態。如果我可以像稍後要做的那樣，指出這樣一個系列的法則正是到目前為止我所謂的論述形成，如果我可以說明論述形成確實是陳述（就我賦予這個字詞的意義來說）的分散和分布原則，

而不是表達、句子、命題的分散和分布原則，那麼論述這個詞語應該就可以被確定了：那就是隸屬同一個形成系統的陳述集合體；因此，我就能夠談論臨床論述、經濟論述、自然史論述、精神病學論述。

我很清楚這些定義大部分都不符合當前的用法：語言學家習慣賦予論述這個字詞一個完全不同的意義；邏輯學家和分析學家以不同的方式使用陳述這個詞語。但是在此我不打算將可能在其他地方形成的概念作用、分析形式、某個理論轉移到只能如此解釋的領域；我不打算將某種模型及其特有的效果應用到新的內容。當然，我並不是想要對這樣一個模型的價值提出異議；我也不想要在驗證它之前就對它設限，並蠻橫地指出它不應該跨越的閾值。但是我想要揭示一種描述的可能性，勾勒它可能的領域，定義它的界線和自主性。這種描述的可能性會以其他的可能性表達出來，而不是從中衍生出來。

我們尤其清楚對陳述進行分析並不意味著要對「語言」或「已說之事物」進行完整、透徹的描述。在所有口頭表現包含的厚度中，陳述分析位於一個必須與其他層次分開、相較之下更有特色、而且是抽象的特定層次。尤其是它不會取代命題的邏輯分析、句子的文法分析、諸多表達的心理或上下文的分析：它構成另一種研究口頭表現、分解其複雜性、分離交織於其中的詞語、標定它們遵循不同規律性的方式。我們讓陳述與句子或命題的對立發揮作用，但沒有試圖找回失去的整體性，也沒有恢復現行話語的全面性、言語的豐富性、邏各斯（Logos）的深刻統一體，彷彿在此激起了如此之多不甘沉默的懷舊之情。陳述分析就符合某個描述的特定層面。

2. 因此，陳述不是一個基本統一體，可以被添加或混合到由文法或邏輯所描述的統一體之中。它不能像句子、命題或表達行為那樣被分離出來。描

述一個陳述並不等於分離和形容一個同層次的片段；而是要定義一些條件，在這些條件裡所執行的功能就是賦予一系列的符號（這一系列不一定要在文法或邏輯上被建構）一種存在，而且是一種特定的存在。這種存在讓這一系列的符號看起來不像是一個純粹的痕跡，而比較像是與對象領域的關係；不是個體行動或操作的結果，而是某一主體之可能位置的作用；不是一個有機、自主、自我封閉且只有它能單獨形成意義的整體性，而比較像是共存場域裡的一個要素；不是一個短暫事件或一個惰性對象，而比較像是一種可重複的物質性。根據某種垂直維度，對諸陳述的描述針對的是各種能指集合體的存在條件。這就出現了一個矛盾：對諸陳述的描述沒有試著避開口頭表現，以便在這些表現之後或是在其明顯表面下發現一個隱藏的要素、一個隱藏在其中或透過它們默默顯現的祕密意義；但是陳述並不是立即可見的；它出現的方式不像文法或邏輯結構那樣明顯

（即使文法或邏輯結構並不完全明顯，即使這個結構相當難以闡明）。陳述既不可見，也不是隱藏的。

　　就定義來說，陳述不是隱藏的，因為它形容了一個確實被產生的符號集合體特有的存在形態。陳述分析永遠只能針對已說之事物、被確實說出或寫出的句子、被勾勒或表達出來的能指要素——更確切地說，就是針對這個使它們存在，以及讓它們呈現在眼前、供人閱讀、可能再度啟用、有種種可能的用途或轉型、在其他事物之中但不像其他事物的這種獨特性。陳述分析只能涉及已實現的口頭表現，因為它是在它們存在的層次上對它們進行分析的：描述這些已說之事物，正是因為它們已經被說出來了。因此，陳述分析是一種歷史分析，但是它無須所有的詮釋：對已說之事物，它不問它們隱藏了什麼、它們其中已經說出的是什麼、它們無意中掩蓋未說的是什麼，還有位於其中的大量思想、圖像或幻想；而是相

反的，質問它們的存在模式，以及對它們而言，
什麼是被表達出來、留下痕跡、可能留在那兒以
便再利用的；對它們而言，「顯現」意味著什
麼 —— 而且沒有什麼可以取代它們。從這個觀點
來看，我們不承認潛在的陳述：因為我們針對的
正是有效語言的開放性（patence）。

　　這個論點難以獲得主張。我們很清楚地知
道 —— 而且也許是從人類能言語開始 —— 事物
常常是別有所指的；同一個句子可以同時具有兩
種不同的含義；一個是所有人都能毫無困難地接
收的明顯意義，但它可能隱藏第二個深奧或預言
性的意義，只有更敏銳的辨讀或僅能隨時間的磨
蝕才能發現；在一個可見的表達之下，可能存有
另一個表達，這個表達會命令它、弄亂它、干擾
它、強加給它一個只屬於它的連貫性；簡而言之，
不管怎樣，已說之事物所講出來的，比它們本身
還要多。但事實上，這些重複或分裂的效果、這
個被說出來的「非說」（non-dit），無論如何都

不會影響到陳述,至少是在此被定義的那種陳述。多義性——能允許做出闡釋並發現另一個意義——涉及了句子及其使用的語義領域:單一且相同的字詞集合體可以產生多個意義,還有多個可能的結構;因此可能存在各種交織或交替的意義,但是陳述的基石都是相同的。同樣的,一個口頭表現被另一個口頭表現壓抑、它們相互替代或干擾,這些都是屬於表達層次的現象(即使這些現象跟語言的或邏輯的結構有關聯);但是陳述本身與這個分裂或抑制都沒有關係:因為它是被如此執行之口頭表現的存在形態。這個陳述不能被視作多個陳述的累積結果或結晶,這些浮動的、幾乎沒有被說出的陳述是會相互排斥的。陳述並沒有被非說、隱藏的意義和壓抑的祕密在場所困擾;相反的,這些隱藏要素的運作及其可以被重建的方式,都取決於陳述形態本身:因為我們很清楚,當涉及的是數學陳述和經濟陳述、當這是一部自傳或一場夢的敘述時,「非說」和「被

壓抑」是不同的 —— 無論是在其結構或在效應方面皆然。

　　但是，對於所有這些能在陳述領域的背景下被標定的各種非說形態，我們必須加入一個缺漏（manque），它不是內在的，而是與這個場域相關的，而且它在決定其本身的存在方面發揮作用。事實上，是有可能 —— 而且應該是在陳述顯露的條件下，一直存有排除、限制或空隙，它們清楚勾畫出其參照系統、讓單一系列的形態變得有效、勾勒並確認共存的組合、阻止某些使用的形式。但無論是在它的地位或是效應方面，我們都不應該混淆了陳述規律性特有的缺漏，以及隱藏在被明確表達之事物裡的含義。

3. 然而，雖然陳述無法隱藏，但也不是可見的；它無法像其限制與特徵的明顯載體一樣呈現給感知。我們必須要有某種目光和態度上的轉換，才能將它辨認出來並察看其自身。它或許是一個眾

所周知的事物，卻總是躲避著；它或許就像這些習以為常的透明性，這些透明性雖然在其厚度中沒有任何隱藏，卻不那麼清晰。陳述的層次在其本身的近似性中被勾畫出來。

這裡有幾個原因。第一個理由已經說過了：陳述不是一個與句子或命題相鄰 —— 之上或之下 —— 的統一體；它永遠都會被納入這類統一體之中，或甚至被納入不遵循其法則的符號序列裡（而且它們可能是列表、隨機系列、圖表）；它也不是用來形容被呈現在它們身上的事物，或是它們被界定的方式，而是它們被既定的事實，以及它們成為如此的方式。它具備「有」的這種幾乎不可見性，而當我們可以說：「有這樣或那樣的事物」時，這種幾乎不可見性就會消失於其中。

另一個原因：語言的有意義結構永遠都指向其他事物；對象在其中被指明；意義在其中被確認；主體在其中被若干符號所指涉，即使它本身並未出現。語言似乎總是充斥著他者、他處、距離、

遠方；它因缺席而被淘空了。它難道不是一個自己以外的其他事物會出現的地方嗎？而且在這個功能中，它自身的存在不就似乎消失了嗎？然而，如果我們想要描述陳述的層次，就必須考慮到這個存在本身；我們不是要在語言所指的方向上去質疑語言，而是要在產生它的維度內去質疑之；我們應該要忽略它有指明、命名、表明、呈現、成為意義或真理之地的能力，另一方面則要留意確定其獨特且有限之存在的時刻——一旦被固定了，就能立即發揮「能指」和「所指」的作用。這意味著在語言的檢驗中，要擱置的不僅是所指的觀點（我們現在已經有這個習慣了），還有能指的觀點，才能顯現一個事實，那就是無論在哪裡，都存有與可能之對象和主體的領域有關、與其他可能之表達和再使用有關的這個語言。

陳述的這個幾乎不可見性還有最後一個原因：它是被語言的所有其他分析假設出來的，但這些分析無須闡明這個陳述。為了讓語言能夠被當作

一個對象、被分成不同的層次、被描述和分析，
就必須存有一個永遠能被確定且非無限的「陳述
的既定事實」（donné énonciatif）：語言分析總是
在話語和文本的素材方面進行；隱含意義的詮釋
和揭示總是取決於一個限定的句子群；一個系統
的邏輯分析在重新書寫、在明確的語言中，包含
了命題的既定集合體。至於陳述層次，它每一次
都會失去作用：它或者僅被定義為一個代表性的
樣本，能解除可無限適用的結構；或者躲進一個
純粹的表象裡，在這個表象背後必定會有另一個
話語的真理被揭示出來；或者作為一種無關緊要
的實體，用來作為形式關係的載體。但每一次它
都是不可或缺的，這樣才能進行分析，去除它所
有與分析本身的直接關聯性。若我們對此補充說，
所有這些描述只能透過將自身建構成有限的陳述
集合體時才能實現，那我們同時就能明白，為何
陳述的場域會將這些描述團團圍住、為何這些描
述無法從中擺脫、為何它們不能將它直接當作主

題。研究陳述本身，並不是要在這些分析之外和在更深的層次上，去尋找某種它們可能遺漏的語言的祕密或根源。而是要試著使這個構成其可能性的要素、如此接近透明的事物成為可見的與可分析的。

陳述層次既無法隱藏也不可見，它是語言的極限：它本身即使是以非系統性的方式，也不是一個投入立即經驗的特徵集合體；但它也不是在其背後未表露出來的、謎樣且無聲的其餘部分。它定義了它出現的形態：與其說是它的內部組織，不如說是它的周圍，與其說是它的內容，不如說是它的表層。但是，我們可以描述這個陳述表層，證明語言的「既定事實」並非是對基本緘默的單純揭露；證明字詞、句子、意義、斷言、一連串的命題，這些都不會直接依托於沉默的表層；證明一個句子的突然出現、意義的瞬現、指稱的生硬索引，這些總是出現在陳述功能的執行領域中；證明在我們讀到和聽到的、還有我們已經說出

的語言，與整個表達的缺乏之間，不存在一堆幾
乎未說出的事物、被擱置的句子、只記錄一半的
思想、只有幾個片段湧現的無限獨白；但最重要
的——或者說，無論如何都是在它之前（因為它
取決於它們）——是陳述功能的這些執行條件。
這也證明了在語言的結構、形式或詮釋分析之外，
去尋找一個最終能擺脫任何實證性（positivité）
的領域是徒勞無功的，在這個領域裡，主體的自
由、人類的勞動、先驗目的之開放都得以展開。
沒有什麼可以反駁語言學的方法或邏輯的分析：
「您要如何——在說了這麼多有關語言的建構規
則後——在語言現行主要部分的完整性中去處理
它本身？您要如何處理這種自由，或是這個先於
所有含義的意義——沒有它們，任何個體都無法
在總是離不開語言的工作中相互理解？您是否知
道，這些有限的系統會讓論述的無限成為可能，
但又無法建立並闡明之，而這個有限的系統一旦
被超越，我們發現的會是一種先驗性的標記，或

是人類的創作？您是否知道，您只是描述了語言的某些特徵，而根據您的分析，這個語言的出現和存在方式都是完全不可化約的？」這些反駁必須排除：因為如果在此的確存有一個不屬於邏輯學和語言學的維度，那麼它也不會因而成為被重建的先驗性，不會是通往無法接近之起源的重啟之路，不是人類對自身意義的建構。語言，就其出現的審斷和存在的模式而言，它就是陳述；作為陳述，它屬於一種既不先驗也非人類學的描述。陳述分析並沒有規定語言的或邏輯的分析要有一個限制，以這個限制為基礎，它應該要放棄和承認自己無能；它沒有標記圈圍它們領域的界線；它往另一個與它們交錯的方向發展。陳述分析的可能性如果成立的話，必須能消除先驗的基石，因為某些哲學論述的形式會以這個語言的存在及其必須視為起源的基礎為名，用這個先驗的基石來與所有的語言分析相對立。

B

現在，我必須轉向第二組問題：如此定義的陳述描述如
何能符合我在前面概述過其原則的論述形成分析？反過來說：
在什麼範圍內，我們可以就我剛才賦予這個字詞的意義，認為
論述形式的分析確實是一種陳述描述？回答這個問題是很重要
的：因為我著手數年且曾相當盲目地加以闡述的這項研究，而
我現在——即使這意味著要重新調整它，要糾正它的許多錯誤
或不妥之處——試著要重新掌握其整個輪廓的，正是在這一點
上必須做一個結束。我們已經見到：我並沒有試圖在此談論我
過去在某個具體分析中想要做的事、我腦中曾有的計畫、我曾
遭遇的障礙、我被迫做出的放棄、我能取得的或多或少令人滿
意的結果；我沒有描述一個有效過程來指出它原本應該是什麼
樣子，以及它今後會是什麼：我試著就這個軌跡本身闡明——
為了對它採取措施並建立其需求——某種我曾使用、但不了
解其約束和來源的描述可能性；與其研究我說過的和我可能會
說的，我寧可在它本身特有且我過去難以掌控的規律性中，力
圖彰顯能使我所說的成為可能的事物。但是我們也見到，我並

沒有在此詳述一個具有嚴格且強烈意義的理論：那就是從若干公理、從一個可應用在無數經驗描述的抽象模型來進行演繹。這樣一個結構即使有可能發生，時機顯然也還沒到來。我並沒有從作為基礎的陳述定義去推斷論述形成的分析；我也沒有從論述的形成去推斷陳述的性質，就像我們已經能夠從這樣或那樣的描述中將它們抽象化一樣；但我試著說明一個有關陳述、其組合原則、其可能建構的大型歷史統一體、能描述它們的方式等領域，該如何在沒有失誤、矛盾、內在專斷性的狀況下被組織起來。我沒有透過線性演繹來進行，而是使用同心圓的方式，我有時偏向最外圍，有時偏向最內圈：我從論述不連續性和陳述獨特性（中心主題）的問題著手，試著在外圍分析某些神祕的組合形式；但那時展現在我面前的統一原則都不是文法、邏輯與心理學上的，它們因而也不是針對句子、命題及表述的，這些原則迫使我必須轉向中心，回到這個陳述的問題上；並迫使我試著闡明應該將陳述理解成什麼。而且，雖然我已經可以「做一個結束」，並說明論述形成的分析確實是關注於陳述描述的特殊性，簡而言之，就是雖然我可以指出，正是陳述特有的維度在論述形成的標定中發揮作用，但我將會認為

我沒有建立一個嚴謹的理論模型，而是釋放出一個一致的描述領域，我沒有建立一個模型，但至少已經開啟與整理出了可能性。與其說我們理當奠定（fonder）一個理論——而且在可能這麼做之前（我不否認我很遺憾尚未達到這個目標）——不如說目前要做的是建立（établir）一種可能性。

研究陳述時，我們發現的是一種有關符號集合體的功能，它不等同於文法上的「可接受性」，也不等同於邏輯上的正確，而且為了能加以運用，它的需求如下：一個參照系統（它不一定是一個事實、一個事物的狀態、甚至也不是一個對象，而是一種區分的原則）；一個主體（不是發言的意識、不是表達的作者，而是在某些條件下可由任何個體填補的位置）；一個相關場域（它不是表達的真實上下文，亦即不是這個表達於其中被闡明的情境，而是與其他陳述共存的領域）；一種物質性（它不僅是表達的實體或載體，也是一種地位，是轉錄的規則、使用或再利用的可能性）。然而，我們以論述形式之名所描述的，嚴格意義來說就是陳述群。也就是說，是各種口頭表現的集合體，它們並沒有透過（句法或語義的）文法關係在句子層次上相互連結；它們沒有透過（形式一致性或概念連貫的）

邏輯關係在命題層次上相互連結；它們也沒有透過心理學關係（無論是意識形式的同一性、心理的恆常性、或是計畫的重複）在表達層次上相互連結；而是在陳述層次上相互連結。這意味著我們可以定義其對象遵循的一般體系、有規律地安排其談論之事物的分散形式、其參照系統的體系；這意味著我們定義了不同聲明模式所遵循的一般體系、主觀位置的可能分布，以及定義與規範它們的系統；這也意味著我們定義了它們所有相關領域的共同體系，以及它們都可能具備的接續、同時與重複的形式，還有將這些共存場域連結起來的系統；最後這還意味著我們可以定義這些陳述的地位所遵循的一般體系，它們被制度化、被接受、被使用、被再利用、相互結合的方式，使它們成為占有對象、實現慾望或利益之工具、策略要素等的模式。描述陳述、描述它們具有的陳述功能、分析這項功能的執行條件、探索它假設的不同領域及這些領域被闡明的方式，這都是在揭示能像論述形式那樣被個別化的事物。或者反過來說也是一樣的：論述形成，指的就是口頭表現群所遵循的一般陳述系統——這個系統並非單獨支配這個口頭表現群，因為它也會根據它的其他維度來遵循邏輯的、語言的和心理學的系統。那些

已被定義成「論述形成」的事物強調了在陳述的特定層次上已說之事物的一般層面。我們以四個方向（對象的形成、主觀位置的形成、概念的形成、策略選擇的形成）來分析它，這四個方向與執行陳述功能的四個領域是相符合的。如果論述形成相較於文本或書籍的大型修辭統一體而言是自由的，如果它們沒有以嚴格的演繹架構來作為法則，如果它們不等同於某一作者的作品，那是因為它們讓陳述層次與用來形容它的規律性發揮作用，而不是句子的文法層次、或是命題的邏輯層次、或是表達的心理學層次。

我們就此可以提出若干命題，這些命題是所有這些分析的核心。

1. 我們可以說，論述形成的標定獨立於其他可能的統一原則，它揭示的是陳述的特定層次；但是我們也可以說，對陳述和陳述層次之組織方法的描述，導致論述形成的個別化。這兩種方法同樣都是可以解釋且可以轉換的。陳述分析和形成分析的建立是相互關聯的。當最終要建立此一理論時，

我們必須確實定義出一個演繹的次序。

2. 陳述屬於論述形成，就像句子屬於文本、命題屬
   於演繹集合體一樣。但是，句子的規律性是由語
   言的法則來定義的，命題的規律性則是由邏輯的
   法則來定義的，然而陳述的規律性卻是由論述形
   成本身來定義的。它的從屬和法則都是單一且相
   同的事物；這並不矛盾，因為論述形成的特徵不
   是來自建構的原則，而是事實的分散，因為對陳
   述而言，它不是可能性的條件，而是共存的法則，
   更因為陳述反過來說不是可互換的要素，而是以
   其存在形態為特徵的集合體。

3. 因此，我們現在可以對前文提出的「論述」的定
   義賦予一個完整的意義。我們將這些論述稱為陳
   述集合體，因為它們屬於同一個論述形成；這個
   集合體沒有在修辭或形式上形成一個可以無限重
   複、我們可以指出（必要時可以解釋）它在歷史

中的出現和被使用的統一體；它由數量有限的陳述建構而成，我們可以為這些陳述定義一個存在條件的集合體。被如此理解的陳述並不是一個理想、超越時間且可能擁有某種歷史的形式；因此，問題不在於質疑它如何、為何在此時此刻出現並形成；它從頭到尾都是歷史性的——歷史片段、在歷史本身之中的統一體和不連續性，它提出有關其自身限制、斷裂、轉型、其時間性的特定模式等問題，而不是它在時間的同謀關係中突然出現的問題。

4. 我們現在終於可以明確說明所謂的「論述實踐」。我們不能將它與表達性的操作（opération expressive）混淆在一起，個體透過這個操作來明確表達一個觀念、一個慾望、一個形象；我們不能與可在推理系統中作用的理性活動混淆在一起；也不能與說話主體在建構文法句子時的「能力」混淆在一起；這是一個匿名的、歷史性的規則集

合體，永遠都能在時間和空間上獲得確定，這些
規則在一個既定的時代裡，針對一個既定的社
會、經濟、地理或語言區塊來定義陳述功能的執
行條件。

現在，我要做的是反向分析，在將論述形成與它們描述的
陳述聯繫起來後，我要從另一個方向 —— 這回是往外去尋找這
些觀念的合理使用：我們可以透過它們發現什麼，它們如何能
在其他描述方法中占有一席之地，在什麼範圍之內它們可以修
改並重新分配觀念史的領域。但是在進行這個反向分析之前，
而且為了能更安全地操作之，我想在我剛剛探索的維度內再贅
言幾句，我會試著明確指出對陳述場域及強調該場域的形成進
行分析時，所要求和排除的是什麼。

IV.
RARETÉ, EXTÉRIORITÉ, CUMUL

稀缺性、外部性、累積性

陳述的分析注重的是稀缺性的效應。

大多數的時候，論述分析會被置於整體性和繁冗（pléthore）的雙重符號之下。我們指出所處理的不同文本如何相互對照、組成一個獨一的形態、與制度和實踐會合，以及如何具備可能是整個時代共有的意義。每一個被考慮的要素都會被接受為某種整體性的表達，這個要素屬於該整體性並被後者所超越。因此，我們用一種還未被闡明的大型統一文本來替代已說之事物

的多樣性，而且這種文本首次揭示了人們曾經「想要說」的東西，後者不僅出現在他們的話語、文本、論述和書寫裡，也出現在他們產生的制度、實踐、技巧和對象裡。相較於這個默認、專制與共同的「意義」，擴散中的陳述顯得過剩，因為它們全部都指向這個意義，而且只有這個意義建構了它們的真理：相較於這個獨一的所指，能指的要素（élément signifiant）是繁冗的。但是，既然這個最初和最終的意義會透過明顯的表達而湧現，既然它隱藏在出現的事物之下並祕密複製之，因此每一個論述都蘊含說出有別於它所說之事物、以及從而包含多種意義的能力：相較於獨一的能指，所指是過剩的。經過如此研究的論述既是充盈、也是無限豐富的。

　　陳述和論述形式的分析開啟了一個完全相反的方向：它想要確定一項原則，這項原則讓被陳述出來的唯一能指集合體得以出現。它試圖建立一個稀缺性的法則。這項任務包含了多個面向：

- 它的原則是永遠不會說出一切（tout）；相較於以自然語言陳述的事物，相較於語言要素的無限組合，陳

述（儘管數量眾多）總是不足的；從我們在一個既定時代可掌握的文法和詞彙庫來看，總體而言，被說出的事物相對來說較少。因此，我們將尋找這個稀缺原則，或至少是由語言所開啟、可能表達之場域的無法填滿原則。論述形成既是論述錯綜複雜的斷節原則（principe de scansion），也是語言場域中的空缺原則。

· 我們要在分開這些陳述與未說之事物的界線上、在使這些陳述出現並排除了所有其他陳述的審斷中來研究陳述。問題不在於讓它們周圍的緘默開口說話，不在於找回所有在它們本身及其旁邊已經緘默或被迫化為沉默的事物。問題也不在於研究障礙，這些障礙阻止了某種發現、保留了某種表達，還抑制了某種陳述形式、某種無意識的意義、或是某種發展中的合理性；問題在於定義一個在場的有限系統（un système limité de présences）。因此，論述形成並不是一個發展中的整體性，這個整體性有自己的動力或特殊的惰性，並將它不再說的、尚未說的、或是當下與它有矛盾的事

物隨身帶進一個未明確表達的論述中；這不是一個豐富且艱困的生成，這是一個空隙、空無、缺席、限制與切割的分布。

· 但是，我們不會將這些「排除」與抑制或壓抑聯繫在一起；我們不會假設在這些明顯的陳述之下，仍然存有某種隱藏與潛在的事物。我們分析的陳述並不是那些處於可能的顯露界線下的其他陳述，而是那些始終位於自己固有位置的陳述。我們將它們重新放置在一個可能被全面展開且沒有任何重複的空間裡。在這個空間之下，不存有文本。因此也就不存在任何的繁冗。陳述領域完全位於它自己的表層上。每一個陳述都在其中占據了一個只屬於它自己的位置。因此，對於陳述來說，描述的目的不在於發現它占據了哪個非說（non-dit）的位置；也不在於如何將其簡化為一個無聲且普通的文本；而是相反的，要發現它占據了什麼樣的獨特場址、形成系統中的哪種分類可以標定它的位置、它如何在陳述的一般分散中被分離出來。

· 陳述的這個稀缺性、陳述場域的空隙與破碎形式、總
體而言很少有事物可以被說出的這個事實，這些都解
釋了為何陳述不像我們呼吸的空氣那樣是無限透明
的；而是被傳遞與被保留的事物，它們具有某種價值，
而且我們會試圖占有之；我們會重複之、複製之、使
之轉型；我們會為它們預先設定路線，並在制度中賦
予它們一個地位；我們不僅透過複製或翻譯，也會透
過釋義、評論和意義的內部擴散來重複這些事物。因
為陳述很稀少，我們會在能統一它們的整體性中將它
們蒐集起來，並增加每一陳述各自的意義。

論述形成的分析不同於所有這些詮釋，這些詮釋的存在本
身只能透過陳述的實際稀缺性來實現，但是它們卻不承認這個
稀缺性，而是反過來把已說之事物的紮實豐富性當作主題，而
論述形成的分析則轉而關注這個稀缺性本身；論述形成的分析
將這個缺稀性視為明確的對象；試著確定它是一個獨特的系統；
同時闡明在其中可能存有一個詮釋。詮釋，這是一種對陳述貧
乏性做出反應、透過增加意義來予以補償的方式；這是一種以

陳述貧乏性為基礎、卻又不受制於它的說話方式。但是，論述形式的分析就是在探索這個貧乏性的法則、衡量它的程度並確定它的特定形式。因此，在某種意義上，就是在斟酌陳述的「價值」。這個價值不是由陳述的真理來定義，不是用某一祕密內容的在場來評定；而是用來形容它們的位置、它們的流通與交換能力、它們的轉型可能性，這不僅是在論述的精簡方面，而且通常在稀有來源的管理方面也是如此。如此構想的論述不再是釋義態度的事物：亦即一個取之不竭的寶藏，我們永遠可以從中汲取新穎的、每一次都不可預測的豐富性；一種神意，它總是能預先說出來，而且當我們善於聆聽，它就會讓我們聽到回顧性的神諭：它就像一種財富——是有限的、受限的、令人渴求的、有用的——它有自己的出現規則，也有它自己的適用和實施條件；因此，這種財富自其存在之始（而不僅是在它的「實際應用」之中），就提出了權力的問題；這種財富，本質上就是鬥爭、而且是政治鬥爭的對象。

另一個特徵：陳述分析會在外部性的系統性形式中處理它們。通常，對已說之事物的歷史描述會完全被內部與外部的對立所貫穿；而且完全受制於從此一外部性——這只是偶然性或

純粹的物質必要性，是可見的實體或不確定的翻譯——回到內在性之本質核心的任務。研究已說之事物的歷史，因而就是從另一個方向來重新執行表達的工作：亦即把隨時間流逝而被保存下來並分布在空間中的陳述，追溯至先於它們的這個祕密內在，這個祕密內在沉澱在它們之內並於其中（就詞語的所有意義而言）被洩漏出來。創始主觀性的核心因而被解放了。相較於明顯的歷史，主觀性永遠都是縮到後面的；而且它在各種事件之下發現另一個更嚴肅、更隱密、更基礎、更接近起源、與其最終層面更有關聯的歷史（因而也更能掌控它所有的決定因素）。這另一個歷史，它在歷史底下運轉，它不斷地搶在它之前並無止盡地收集過去，我們完全可以將它——以社會學或心理學的模式——描述成心態上的演變；我們完全可以在邏各斯的回想或理性的目的論方面，賦予它一個哲學上的地位；最後，我們完全可以在針對某一痕跡提出的問題中處理它，這個痕跡可能會先於所有的話語，成為記載的開端、被推延之時間的差距，被再次關注的永遠都是歷史—先驗的主題。

這正是陳述分析試圖擺脫的主題，為的是以陳述的純粹分散狀態來重建陳述；為的是在一個顯然是矛盾的外部性中去分

析它們，因為這個外部性不涉及內在性的任何對立形式；為的是要在它們的不連續性之中探究它們，而無須透過使它們脫離路線並使它們變得無關緊要的差距，將它們與一個開端或更基本的差別連結起來；為的是在它產生的地點和時刻再次掌握它們的湧現；為的是找回它們的事件影響。應該是說，與其談論外部性，不如談論「中立性」；但是這個字詞本身很容易就指向暫停一種信仰、抹去或排除存在的任何位置，然而問題正是要發現這個外部（dehors），正是在這個外部上，陳述事件分布在它們的相對稀缺性之中、在它們有空隙的鄰近區域之中、在它們被展開的空間之中。

- 這項工作假設陳述的場域不會被描述成操作或發生在他處（在人類的思想中、在他們的意識或無意識中、在先驗建構的範圍內）之過程的「翻譯」；而是陳述的場域在其經驗的樸實性中，被接受為事件、規律性、連結、確定的修改、系統性轉型的地點；簡而言之，就是假設我們不將它視為結果或另一事物的痕跡，而是一個實踐領域，這個領域是自主的（儘管是

從屬的），而且我們可以在它自身的層次上對它進行
描述（儘管必須將它與它之外的事物連結起來）。

· 這項工作也假設這個陳述領域沒有指涉個別的主體、
也沒有指涉集體意識之類的事物、或是先驗的主觀
性；我們將它描述成一個匿名的場域，其配置定義了
說話主體的可能位置。我們不應該再參照至高無上的
主觀性來確定陳述的位置，而是要在表達主觀性的不
同形式中，辨識出陳述場域的特有效應。

· 因此，這項工作假設陳述場域在它的轉型、接續系列
和衍生之中，並沒有將意識的時間性當作是它的必
要模型一樣來遵循。我們不應該期待——至少在這
個層次以及在這個描述形式裡——能夠寫出一部已
說之事物的歷史，這部歷史就其形式、規律性與本
質而言，理當應該同時是某個個體的或匿名的意識、
某項計畫、某個意向系統、某個目標集合體的歷史。
論述的時間並不是思想的模糊時刻在一個可見時間

順序裡的翻譯。

因此，陳述分析是在沒有參照我思（cogito）的狀況下進行的。它沒有提出誰在說話、他被表達或是被隱藏在他所說的事物中、他在說話時是否享有主權自由、或他是否在不知不覺中受制於他難以察覺的約束等問題。事實上，它位於一個「我們說」（on dit）的層次——由此，我們不應理解為強加於每一個體的一種共同意見、一種集體表述；不應理解為一個必須透過每一個人的論述來說話的宏亮的匿名之聲；而是應該理解為已說之事物的集合體，是可從中觀察到的關係、規律性和轉型，是某些形態、某些縱橫交錯現象能指出說話主體之獨特位置且能接收作者名字的領域。「任何人都可說」，但他所說的，並不是在任何地方都能被說出來的。他一定會被納入外部性的作用裡。

陳述分析的第三個特徵：它針對的是累積的特定形式，這些形式既不能等同於記憶形式的內在化，也不等同於文獻的無差別整體化。一般來說，當我們在分析已經說出的論述時，我們會認為它們受到一種基本惰性的影響：偶然性將它們保留了

下來，或是出於人們的精心安排與他們對自己話語的價值及永恆尊嚴可能抱持的幻象；但是，這些論述如今只不過是堆積在圖書館灰塵中的字跡，這些字跡自從被說出之後、自從它們被遺忘以後、而且自從它們的可見效果隨時間消失後，它們就一直沉睡著。它們充其量只能有幸在閱讀的重建中被發現；它們充其量只能在其中發現指向其聲明審斷的標記承載者；這些標記一旦被辨讀，充其量只能透過一種歷經時間考驗的記憶來解放被深埋的含義、思想、慾望、幻想。這四個詞語：閱讀—痕跡—辨讀—記憶（無論我們比較看重哪一個，無論我們賦予它多大的隱喻範圍，而且這個隱喻範圍能讓它將其他三個再考慮進去）都定義了這樣一個系統，這個系統習慣上能讓過去的論述擺脫其惰性，並在片刻之間找回某種它已經失去的活力。

然而，陳述分析的特性並不在於將文本從它們當前的沉睡狀態中喚醒，讓我們在詛咒其表層仍可見到的標記時，依舊可發現它們出現的瞬間；而是相反的，其特性是在它們沉睡期間去理解它們，或者更確切地說，是揭示有關沉睡、遺忘、失落起源的主題，並探索什麼樣的存在模式可以形容在時間的厚度中，獨立於其聲明的陳述，在這個時間的厚度裡，這些陳述得

以存在、被保存、被重新啟動與使用，它們在此也會被遺忘、甚至可能被摧毀，但這並非初衷。

· 這個分析假設陳述會在它們特有的殘跡（rémanence）中被探究，這個殘跡不是那種對表達之過去事件始終可實現的參照的殘跡。我們說陳述是殘餘的，這並不是說它們留在記憶的場域裡，或是我們可以發現它們曾經想要說的；而是說幸好有若干物質載體和技術（書籍當然只是其中一個例子），讓它們得以根據某些機關類型（其中包括圖書館）和某些法定形態（涉及到宗教經文、法律規定或科學真理時，這些形態是不同的）而被保存下來。這也意味著陳述被投入那些應用它們的技術、由它們衍生而出的實踐、透過它們而形成或修改的社會關係之中。最後，這也意味著事物不再具有完全相同的存在模式、與其周圍事物完全相同的關係系統、完全相同的使用模式，在它們被說出之後也沒有完全相同的轉型可能性。這種穿越時間的維持遠非一種瞬間存在的偶然或幸運地延續，這種

殘跡理當屬於陳述；遺忘和摧毀只不過是這個殘跡的零度。在它建構的背景下，記憶和回憶的作用得以展開。

· 這個分析也假設，我們處理的是陳述特有的加疊（additivité）形式。事實上，接續陳述之間的組合類型並非到處都是相同的，而且它們從不會透過接續要素簡單的堆積或並置來進行。數學陳述不會像宗教經文或法學條文那樣相互加疊（它們彼此之間有一個特定的方式，可以相互組成、抵銷、排斥、互補、形成或多或少不可分割且具有獨特性質的群組）。再者，這些加疊形式都不是斷然的，也不是針對一個確定的陳述範疇：今日的醫學觀察結果資料庫與十八世紀的案例彙集並沒有遵循相同的組成法則；現代數學也沒有跟歐基里德的幾何學使用相同的模型來累積它們的陳述。

· 最後，陳述分析假設我們會考慮復現（récurrence）

的現象。每一個陳述都包含一個與它所處位置相較之下先於它的要素場域,但是它有能力根據新的關係來重新組織並重新分配這個要素場域。它自行建構了自己的過去、在先於它的事物中定義自己的延續關係、重新描繪使之成為可能或必要的事物、排除了無法與它相容的事物。而這個陳述性的過去,陳述把它假定為一個已獲得的真理、一個已經發生的事件、一個我們可以修改的形式、一個可以轉型的物質,或是一個我們可以談論的對象等等。相較於所有這些復現的可能性,記憶和遺忘、意義的重新發現或壓抑,都遠遠無法成為基本法則,而只是特殊的形態。

因此,陳述和論述形成的描述必須擺脫如此頻繁且如此頑固的回歸形象。這種描述沒有企圖超越一個只能是崩塌、潛伏、遺忘、覆蓋或徘徊的時間,回到創始的時刻,當時話語還沒有被用到任何物質性之中,還不具有任何持久性,而且當時它還停留在開端的未確定維度中。它沒有試著針對已說(le déjà dit)建構第二次出現的矛盾時刻;它沒有企求在回歸點上

見到曙光。相反的，它在累積的厚度中處理陳述，這些陳述在這個厚度中被使用，並且不斷修改、追究、干擾、有時則是毀滅。

描述一個陳述集合體不同於描述一個封閉且繁冗的含義整體性，而是像描述一個有空隙且支離破碎的形態；描述一個陳述集合體並不是要參照某種意圖、思想或主體的內在性，而是要根據某種外部性的分散；描述一個陳述集合體不是為了在其中發現起源的時刻或痕跡，而是為了發現某種累積的特定形式，這當然不是要揭露一種詮釋、發現一種基礎、擺脫某些建構行為；這也不是要決定一種合理性或瀏覽一種目的論。這是為了建立我樂於稱之為實證性（positivité）的事物。因此，分析一個論述形成，就是在陳述和用來形容它們的實證性形式層次上處理一個口頭表現集合體；或者更簡短地說，這是在定義一個論述的實證性類型。如果用稀缺性分析取代整體性研究、用對外部性關係的描述取代先驗基礎的主題、用累積分析取代對起源的探尋，這樣就算是實證主義者的話，那我就是一個幸運的實證主義者，我很樂意接受。因此，對於我曾多次（儘管有點盲目）使用實證性這個詞語來泛指我曾試圖解開的錯綜複雜現象，我一點也不覺得惱火。

V.
L'A PRIORI HISTORIQUE ET L'ARCHIVE

歷史先驗性與檔案

　　論述──例如自然史、政治經濟學、臨床醫學等論述──的實證性描繪出這個論述是穿越時間且超越個別作品、書籍和文本的統一體。這個統一體當然無法用來決定誰說的是真的、誰的推理嚴謹、誰最符合林奈或布豐、奎奈或圖格（Turgot）、布魯塞（Broussais）或畢夏自己特有的公設；它也不能用來說明這些作品中，哪一部最接近最初或最終的目的、那一部最能徹底地明確表達一門科學的總體計畫。但是它能揭露的就是

尺度（mesure），根據這個尺度，布豐與林奈（或是圖格與奎奈、布魯塞和畢夏）得以談論「相同的事物」，因為他們置身於「相同的層次」或「相同的距離」，並展現「相同的概念場域」，在「相同的戰場」上相互對峙；另一方面，它揭示了為何我們不能說達爾文和狄德羅（Diderot）談的是同一件事，為何不能說雷奈克繼承了馮・斯維登，或是說傑文斯（Jevons）也是重農主義者。它定義了一個交流的有限空間。這個空間相對受限，因為它遠遠不具備一門科學在其整個歷史發展（從其最遙遠的起源，直到它當前的成果）中的廣度；但是，這個空間比一位作者對另一位作者的影響、或是比明確的論戰領域更廣泛。不同的作品、分散的書籍、所有這一大堆屬於同一論述形成的文本——而且有那麼多的作者，他們相互認識或彼此不認識，相互批評、貶低、抄襲，在不知不覺中相遇，並頑固地將他們獨特的論述交織成一個框架（trame），在這個框架裡，他們不是主導者，他們無法感知一切，而且他們難以測量其廣度——所有這些形態和這些不同的個體性的交流不僅僅透過他們提出之命題的邏輯連貫性、主題的重複，或是被傳遞、遺忘、重新發現之含義的固執；它們還透過其論述的實證性形式來交

流。或者更確切地說，實證性的這個形式（以及陳述功能的執行條件）定義了一個場域，在這個場域裡，形式上的同一性、主題的連續性、概念的轉移、論戰的作用或許就得以展開。因此，實證性扮演了一個我們應該可以稱為歷史先驗性（*a priori historique*）的角色。

這兩個字詞並置在一起，就產生了一點強烈的效果；我想就此指出一種先驗性（*a priori*），它或許不是判斷的有效性條件，而是陳述的現實性條件。問題不在於發現可以讓某一論點變得合法的事物，而是分離出陳述出現的條件、這些陳述與其他陳述共存的法則、它們存在模式的特定形式，還有它們賴以生存、轉變與消失的原則。先驗性指的不是可能從未說出、或真正給予經驗的真理先驗性；而是某一既定歷史的先驗性，因為這是確實已說出之事物的歷史。使用這個有點野蠻的詞語，理由是因為這個先驗性必須能在陳述的分散中、在所有因它們的不一致性而造成的缺陷中、在它們的相互交疊與替代中、在它們無法統一的同時性中、在它們不可化約的接續性中來闡明陳述；簡而言之，它必須能闡明一個事實，那就是論述不是只具有某種意義或真理，還具有某部歷史，而且是一部特定的、

不會將它帶向某種不相干發展的諸多法則的歷史。例如，它必須指出文法史不是將一部歷史投射到語言及其問題的場域中，這部歷史一般來說是理性（la raison）或某種心智狀態（une mentalité）的歷史，總之就是一部文法與醫學、力學或神學共有的歷史；而是包含了一種歷史類型——一種在時間中分散的形式，一種接續、穩定和重新活動的模式，一種進展或運轉的速度——雖然這種歷史類型並非與其他類型的歷史無關，但它本身就屬於文法史。再者，這個先驗性並沒有擺脫歷史性：它沒有在事件之上並在一個靜止的天空中，建構一個超越時間的結構；它被定義為用來形容一個論述實踐的規則集合體；然而，這些規則並沒有從外部強加於由它們建立起關係的諸多要素；它們被投入這個與它們有關聯的事物之中；而且如果它們完全沒有隨這些要素而改變，它們就會改變這些要素，並與這些要素一起轉變成某些決定性的閾值。這些實證性的先驗性並不僅是時間的分散系統；它本身就是一個可以轉變的集合體。

面對這些其權限並非偶然擴展的形式先驗性，它就是一個純粹經驗的形態；但是另一方面，由於它能讓我們在論述的有效發展法則中掌握論述，因此它就必須能闡明一個事實，那就

是這樣一個論述在一個既定時刻裡，可以接受與利用（或者相反地可以排除、遺忘或忽視）某個特定的形式結構。它無法透過心理或文化起源之類的事物來闡明這些形式的先驗性；但是它能讓我們明白這些形式的先驗性在歷史中如何具備依附點、插入點、湧現或出現的地點、施行的領域或時機，它也能讓我們明白這個歷史如何能不是絕對的外在偶然性，不是展開其自身辯證法之形式的必然性，而是一種特定的規律性。因此，沒有什麼比將這個歷史先驗性設想成或許裝載了某種歷史的形式先驗性來得令人愉快、但也更不準確了。這是一個巨大、靜止且空無的形態，它可能有朝一日會出現在時間的表層上，它可能在人類的思想中彰顯一種無人能逃脫的專橫，接著它可能會突然消失隱沒，而且沒有任何事件能為此提出預示：這就是先驗的驟失（transcendantal syncopé）、閃爍形式的作用。形式先驗性和歷史先驗性既不位於相同的層次，也沒有相同的性質：如果它們相互交錯，那是因為它們占據了兩個不同的維度。

陳述的領域因而會根據歷史先驗性來明確表達、依實證性的不同類型來描繪，並按不同的論述形成而被斷節，它再也不具有當我一開始談到「論述的表層」時，賦予它的這個單調

且無限延伸的平原形象；它也不再表現為惰性、平滑與中性的要素，在這些要素中，這些主題、觀點、概念、認知，每一個都會依據各自的變動或被某種模糊的動力所推動而紛紛顯露出來。我們現在要處理的是一個複雜體，異質區域在此是有區別的，並會依據特定的規則來展開無法加疊的實踐。我們沒有在歷史如神話般的鉅著中看到一排排的字詞（這些字詞將以前及在他處建構的思想轉化為可見的符號），而是在論述實踐的厚度裡，擁有將陳述當成事件（因為具備它們出現的條件和領域）與事物（因為包含它們的使用可能性及場域）的系統。正是所有這些諸陳述的系統（systèmes d'énoncés）（一部分是事件，另一部分是事物），我建議稱它們為檔案（archive）。

我用這個詞語，並不是想要指某一文化擁有的所有文本總和，這些文本被文化視為其自身過往的文獻，或是保有其同一性的證明；我也不想用來指在一個既定社會裡，能讓我們紀錄與保存論述的制度；且這些論述正是我們所要記憶、並且維持自由部署的論述。正好相反，我想指的是幾千年來這麼多人說出這麼多的事物，都不是僅依據思想法則或是僅因情勢作用而湧現的，這些已說之事物不僅是那些在口頭表現的層次上能按

思緒或事物次序發展的訊號；而且它們之所以能出現，都要歸功於用來形容論述層次的關係作用；它們不是偶然被移植到靜默過程上的外來形態，而是依據特定的規律性產生的；簡而言之，如果有人們所說之事物——而且它們就僅在那裡——那麼我們就不應該向被說出之事物、或是說出這些事物的人詢問其直接原因，而是要向論述性的系統、它掌握的陳述可能性與不可能性詢問。檔案，首先就是可以被說出之事物的法則，是控制作為特定事件的陳述出現的系統。但是，檔案也讓所有這些已說之事物不會無限地堆積在一個無定型的群體之中，也不會出現在一個不間斷的直線性之中，不會因外來事故的單一偶然性而消失；而是聚集成不同的形態，依據各種關係相互組合，依據特定的規律性來維持原狀或變得模糊；這使得它們不會隨時間同時退去，而是讓它們綻放光芒，就像那些看起來似乎離我們很近、但實際上十分遙遠的星星那樣，然而其他的當代事物都已經極為黯淡了。所謂檔案，儘管它稍縱即逝，它不保管陳述的事件並為了未來的記憶而保存其逃逸狀態；檔案是在陳述—事件（l'énoncé-événement）的根源本身、以及在它自我賦予的形體中，打從一開始就定義的可陳述性的系統（le système de son énonçabilité）的事物。檔案也不是收集再次變成惰性的諸陳述的塵埃、並使它們可能有復活奇蹟的事物；它是定義陳述—事物（l'énoncé-chose）之現實性模式的事物；它是其運作的系統（le système de son fonctionnement）。它遠非是在某一論述巨大且混亂的低語中，將所有已說出的一切統一起來的事物，它遠非只是確保我們存於被保留的這個論述之環境中的事物，它是在論述的多重存在中區分這些論述，並在論述自身的持續性中詳述之的事物。

在語言（langue，定義了可能之句子的建構系統）和素材庫（corpus，被動收集了被說出的話語）之間，檔案定義了一個獨特的層次：那就是一種實踐的層次，這種實踐帶來了多種陳述，彷彿有這麼多的常規事件、有這麼多要處理與操作的事物。它沒有傳統的沉重包袱；而且它不構成超越時空的、所有書庫的書庫；但它也不是受人歡迎的遺忘，這種遺忘向所有的全新話語開啟了自由的執行場域；在傳統和遺忘之間，它產生了某種實踐的諸規則，該實踐讓陳述能繼續存在並有規律地變化。這就是陳述形成與轉變的一般系統（le système général de la formation et de la transformation des énoncés）

很顯然地，我們無法詳盡地描述一個社會、一個文化或一個文明的檔案；甚至應該也無法描述一整個時代的檔案。另一方面，我們不可能描述我們自己的檔案，因為我們是在它的規則內部說話的，因為是它為我們所能說的一切——連同為它本身、為我們論述的對象——提供了它的出現模式、存在與共存模式，及其累積、歷史性和消失的系統。就檔案的整體性而言，它是不可描述的；而且它在時事性方面是無法迴避的。它透過片段、區域和層次而呈現，而且由於時間將我們與它分開，所以它應該會更明確且更清晰：我們至少可以說，有鑑於文獻的稀缺性，我們需要最大的時間順序距離才能進行分析。然而，如果檔案的這種描述堅持只涉及最遙遠的層面，它要如何能被證明、闡明是什麼使它成為可能的、標定它自己說話的地方、掌控它的義務和權利、驗證並制訂它的概念——至少是在研究的這個階段裡，此時它只能在被執行的那個當下定義其可能性？難道它不應該盡可能接近這個它遵循的實證性，以及這個今日能讓我們談論一般檔案的檔案系統嗎？難道它不應該（即使是用迂迴的方式）闡明這個它本身所屬的陳述場域嗎？因此，檔案的分析包括一個優先區域：這個區域既接近我們，但

是又與我們的現實性不同，它是圍繞著我們當下的時間邊緣，這個時間邊緣凌駕在我們當下之上，並在其相異性（altérité）中指明之；它是在我們之外用來界定我們的事物。檔案的描述會以剛好停止成為我們的論述為基礎來展開其可能性（以及掌控其可能性）；它的存在閾值是由斷裂來建立的，這個斷裂將我們與我們不可能再說的，以及在我們論述實踐之外的東西分開來；它始於我們自己的語言外部；它的地點就是我們自身論述實踐的差距。就這個意義而言，它對我們的判斷來說是有價值的。這不是因為它能讓我們描繪出我們的特徵，並預先勾勒出我們未來應該有的形象。而是因為它讓我們脫離了我們的連續性；它消除了這個時間上的同一性，在這個同一性裡，我們喜歡審視自己以防止歷史的決裂；它打斷了先驗目的論的連貫過程；而且，正是在人類學思想質疑人的存在或是其主觀性之處，它讓另一個事物以及外部突然顯現。被如此理解的診斷並不是透過區分作用來證明我們的同一性。它證明了我們都是不同的、我們的理性就是論述的不同、我們的歷史就是時間的不同、我們的自我就是面具的不同。「差異」遠非是被遺忘和遮蔽的起源，而是我們造成的自身的分散。

檔案的這種發掘從未完成，也從未完整獲得，這種發掘形成了論述形成的描述、實證性的分析、陳述場域標定所屬的一般層面。因此，字詞的正當性——它和語文學家的正當性不吻合——准許所有這些研究擁有考古學（archéologie）的稱號。這個詞語不會促使我們追尋任何的開始；它不會將分析與任何的考掘或地質調查連結在一起。它指的是一種描述的一般主題，這個主題質疑的是在其存在層次上的「已說」：就是行使於它的陳述功能、它所屬的論述形成、它隸屬的一般檔案系統等層次上的「已說」。考古學將論述描繪成在檔案要素中的特定實踐。

IV.

考古學的描述

IV. LA DESCRIPTION ARCHÉOLOGIQUE

I.
ARCHÉOLOGIE ET HISTOIRE DES IDÉES

考古學與觀念史

　　我們現在可以將步驟顛倒過來；一旦瀏覽過論述形成和陳
述的領域，一旦它們的一般理論被勾畫出來，我們就可以順勢
往下，就能涉及應用的可能領域。讓我們看一下這個可能被我
有點過於鄭重地稱為「考古學」的分析可以做什麼。再說，這
也是必要的：因為老實說，目前的狀況確實令人擔心。我從一
個相對簡單的問題著手：論述的斷節（scansion du discours）所
依據的大型統一體並不是作品、作者、書籍或主題。而我只為

了「建立它們」這個唯一的目的，就開始建構一系列的觀念（論述形成、實證性、檔案），我定義了一個領域（陳述、陳述場域、論述實踐），我已經試著彰顯一個既非形式化也不是詮釋性的方法的特殊性；簡而言之，我使用了一整套工具，它的沉重與應該是怪異的複雜組成是令人尷尬的。理由有兩、三個：現在已經有足夠的方法能描述與分析語言，所以想要再增加一個方法，也是不為過的。再說，我已經對「書籍」或「作品」之類的論述統一體產生疑問，因為我懷疑它們並非像它們看起來的那樣直接與明顯：我們如此努力、經過這麼多次的反覆摸索，並依據必須花上好幾百頁才能闡明的晦澀原則來建立這些統一體，我們讓這些統一體與它們相互對立，這樣合理嗎？所有這些工具最終界定的、這些它們標定出同一性的著名「論述」，是否與我依經驗作為基礎且當作制訂這套奇怪工具之藉口的這些形態（所謂的「精神病學」、「政治經濟學」、「自然史」）相同？現在，我非常有必要去衡量我曾試著定義的這些觀念的描述有效性。我必須知道這部機器是否有在運行，還有它能產生什麼。因此，這個其他描述也許無法提出的「考古學」，它能提供什麼樣的東西？這個如此艱鉅的任務會有

什麼回報？

　　我立刻想到第一個疑點。我表現得好像我發現了一個新領域，而且為了搞清楚這個領域，我需要全新的衡量和標定方法。但事實上，我難道不是正在確確實實地置身於這個我們熟悉、長久以來被稱為「觀念史」的空間裡嗎？即使有兩、三次我試著保持距離，但我暗中參照的難道不是它嗎？如果我曾想過不要把目光從它身上移走，我是否就不會在已經制訂好、已經分析過的它身上找到所有我想要尋找的一切？其實我可能只不過是一名觀念史學家。而且是自慚形穢的、或者可以說是狂妄自大的。是一名想要徹底翻新其學科的觀念史學家；他應該是想要賦予他的學科這個嚴謹性，而許多其他相當類似的描述已於近期取得這個嚴謹性；但是他無法真的修改這個古老的分析形式，無法讓他的學科跨越科學性的閾值（或者這種巨變永遠不可能發生，或者他沒有能力自己操作這個轉型），所以他自欺欺人地宣稱他一直在做、而且一直想要做不同的事情。這個新的迷霧是為了掩飾我們仍停留在相同的境況、被束縛在一個古老且用到枯竭的土地上。只要我沒有辨別出「觀念史」，只要我沒有指出考古學分析與其描述有什麼不同，我就會感

到不安。

　　要描述像觀念史這樣的學科並不容易：因為對象不確定、邊界難以勾勒、使用的方法東拼西湊、步驟既不正確也不固定。但是，我們似乎可以辨識出它的兩個作用。一方面，它講述的是附帶與邊緣的歷史。它講的不是科學的歷史，而是這些不完善、沒有根據的認知歷史，這些認知儘管根深柢固，卻從來就無法達到科學性的形式（這是鍊金術的歷史，而不是化學的歷史，這是動物本能或顱相學的歷史，而不是生理學的歷史，這是原子主題的歷史，而不是物理學的歷史）。它講的是縈繞在文學、藝術、科學、法律、道德、甚至是人類日常生活的這些影子哲學（philosophie d'ombre）的歷史；它講的是這些百年主題導性的歷史，這些主題導性從來就沒有凝結成一個嚴格的個別系統，但是它們形成了那些沒有進行哲學探討者的自發性哲學。它講的不是文學的歷史，而是這個小道消息、這個被急速抹去之日常書寫的歷史，它從未取得作品的地位，或是立即就失去這個地位：例如對次文學、年鑑、雜誌和報紙、短暫成就、不入流作者的分析。如此定義——但我們立即見到，要為它劃定精準的限制有多困難——的觀念史針對的是所有這

些潛伏的思想、所有在人與人之間匿名進行的表述作用；在一些重要論述建樹的縫隙中，它彰顯了它們依存的脆弱基礎。這是浮動語言、未完成之作品、不相關之主題的學科。這是在分析意見而非知識、分析錯誤而非真理、分析心智狀態類型而非思想形式。

但是另一方面，觀念史的任務是貫穿那些現存的學科、處理並再次詮釋它們。與其說它因而建構了一個邊緣領域，不如說是一種分析風格、一種透視角度。它承擔的是科學、文學和哲學的歷史領域：但是它在這個領域中描述的是將未思索的經驗背景當作後續形式化的認知；它試圖發現論述轉錄的直接經驗；它關注的是以被認可或被取得的表述為基礎來孕育系統與作品的起源。另一方面，它指出這些被如此建構的重要形態如何逐漸瓦解：主題如何被釐清、繼續它們孤立的生命、被棄置不用或是以新的模式重新組合。因此，觀念史是一門開始和結束的學科，是對模糊連續性和回歸的描述，是在歷史線性形式中對發展的重建。但是，它也同樣可以由此描述從一個領域到另一個領域的所有交流和媒介作用：它指出科學知識如何傳播、產生哲學概念、以及如何能在文學作品中成形；它指出問

題、觀念、主題如何能從它們被明確表達的哲學場域移向科學或政治論述；它將作品與制度、習慣或社會行為、技術、需求與無聲實踐聯繫起來；它試著在具體的境況中、在見證論述誕生的增長與發展環境中，讓最完善的論述形式重現。它因而成為研究相互干擾的學科，是對同心圓的描述，這些同心圓將作品圍起來，強調它們、將它們連在一起並將它們嵌入所有不是它們的一切之中。

我們清楚見到觀念史的這兩個角色如何相互連結在一起。在它最普遍的形式之下，我們可以說它不斷地——而且是在它被執行的各方面上——描述從非哲學到哲學、從非科學性到科學、從非文學到作品本身的過程。它分析的是暗地裡的誕生、遙遠的對應、在明顯變化下頑強的持久性、利用無數盲目同謀的緩慢形成、這些逐漸繫成並突然凝聚在作品最末端的全面性形態。起源、連續性、整體化：這些就是觀念史的重大主題，它藉由這些主題而與某種現在看來是傳統的歷史分析形式連結起來。在這些條件下，任何對歷史、其方法、要求與可能性仍存有這個如今有點過時之觀念的人，都無法想像要拋棄像觀念史這樣的學科，這是很正常的；或者更確切地說，認為論述分

析的任何其他形式都是對歷史自身的背叛，這是很正常的。然而，考古學的描述恰好是對觀念史的遺棄，對它的公設和程序系統性地拒絕，它試圖建構一個完全不同於人類曾說出之事物的歷史。某些人在這項研究中不承認他們的童年歷史，他們為這個歷史哭泣，並在一個不再為這種歷史而建的時代中，提出這個往昔的巨大陰影，這無疑都證明了他們的極端忠誠。但是這個保守的熱忱使我更確信我的意圖，並使我更確定我想要做的事情。

在考古學分析和觀念史之間有許多的劃分點。我稍後會試著建立四個在我看來似乎是主要的差異點，亦即：關於新事物的確定；關於矛盾的分析；關於比較性的描述；最後是關於轉型的標定。我希望我們能根據這些差異點來掌握考古學分析的特點，我還希望我們或許能夠衡量它的描述能力。但願目前這樣就足以標出幾項原則。

1. 考古學試著定義的，不是隱藏或表現在論述中的思想、表述、形象、主題、煩擾；而是這些論述本身，亦即這些作為遵循規則之實踐的論述。它

不會將論述當成文獻、當成另一事物的符號、當成本該是透明的要素，但必須經常穿越這種要素令人討厭的不透明性，才能最終在這個被保留下來的不透明性中找到本質的深度；它針對的是在論述本身的體積內作為文物的論述。這不是一門詮釋性的學科：它不尋求隱藏得更巧妙的「另一個論述」。它拒絕成為「寓意性的」。

2. 考古學不會尋求發現連續且難以察覺的過渡狀態，這種過渡狀態緩和地銜接了論述以及在論述之前、圍繞著論述或論述之後的事物。它不會關注論述從它們原本不是的模樣變成現在這個樣子的那個時刻；也不會關注論述因鬆開了堅實的形態而漸漸失去其同一性的時刻。相反的，它的問題在於定義論述的特殊性；指出它們發揮的規則作用無論如何都不可化約為另一種；沿著它們的外部邊緣來研究它們，才能更清楚地強調它們。考古學不會緩慢地從意見的混亂場域朝向系統的

獨特性或科學的最終穩定性發展；它一點都不是
「俗見學」（doxologie）；而是對論述形態的差
別分析。

3. 考古學並未被安排成作品的至高無上形態；它不
   會試圖掌握此一形態脫離無名狀態的那個時刻。
   它不想要發現個體和社會相互置換的奧祕。它不
   是心理學，也不是社會學，更不是一般所謂的創
   造的人類學。對它來說，作品不是一個恰當的切
   割，即使作品被重新置於整體的上下文或支撐它
   的因果關係網絡中亦然。考古學定義了論述實踐
   的類型和規則，這些論述實踐貫穿個別的作品，
   有時則完全支配及主導這些作品，沒有什麼能逃
   脫；但有時它們也僅支配了一部分。創作主體的
   審斷，它作為一部作品存在的理由與其統一體的
   原則，對考古學來說是無關的。

4. 最後，考古學不會試圖重建人類在講話瞬間所能

想到的、想要的、作為目標的、體驗到的和所渴求的；它不打算自己去收集這個短暫的核心，在這個核心中，作者和作品交換他們的同一性；在這個核心中，思想在尚未變異的同一形式中仍是最接近自身的，而且在這個核心中，語言還未在論述的接續暨空間分散中展開。換句話說，它不會試著重複這個被說出的事物，同時將之加入它的同一性本身中。它不會自行消失在閱讀模稜兩可的樸實性之中，這種閱讀會使得遙遠、不穩定、幾乎不見源頭的光芒以其純粹的形式回歸。除了再書寫，考古學什麼也不是：也就是說，這是在外部性的固有形式中，一種已被寫出之事物的受規範的轉型。這不是起源祕密的回歸；這是對一個論述－對象的系統性描述。

II.
L'ORIGINAL ET LE RÉGULIER

原創與常規

　　一般而言，觀念史會將論述場域視為具有兩種價值的領域；我們在此標定的所有要素都可以被形容為舊的或新的；未發表的或重複的；傳統的或原創的；符合一般類型的或異常類型的。因此，我們可以區分出兩種表達範疇；一是有價值且相對較少的表達，它們是首次出現的，之前沒有與它們類似的，它們可能會成為其他種類的模型，而且就此而言，它們就值得被視為是創作；二是那些平凡、日常且大量的表達，它們不用

為自己負責，而且它們有時為了要逐字重複，會從已被說出的事物裡衍生出來。觀念史各自賦予這兩種群組一個地位；而且它沒有以相同的方式來分析它們：描述第一種時，觀念史講述的是發明、變遷、變形的歷史，它指出真理如何擺脫錯誤，意識如何從不斷的沉睡中甦醒，新的形式如何依次出現，以便向我們勾勒我們如今的景況；歷史學家應該從這些孤立之處、從這些不間斷的決裂之中找回一條演變的連續線。相反的，另一種則將歷史顯現為惰性和沉重的，就像昔日的緩慢累積、已說之事物的無聲沉澱；陳述在此必須根據它們的共同點來大規模地被處理；陳述的事件特殊性可以被抵銷；其作者的身分、陳述出現的時刻和地點也同時失去它們的重要性；另一方面，我們必須測定陳述的範圍：它們被重複的程度和持續時間、它們透過什麼管道傳播、它們在哪些組合中流通；它們為人類的思想勾勒出什麼樣的一般視野、它們對人類的思想施加了哪些界線；在形容一個時代之際，它們如何將它與其他時代區分開來：因此，我們描述的是一系列的整體形態。在第一種狀況下，觀念史描述的是一連串的思想事件；在第二種狀況下，我們獲得不間斷的效果層次；在第一種狀況下，我們重現了真理或形式；

在第二種狀況下，我們重塑的是被遺忘的相互連帶性，並將論述歸結於它們的相對性。

的確，在這兩種審斷之間，觀念史從未停止確定一些關係；我們從未在其中發現這兩種分析有哪一種是處於純粹狀態的：它描述了舊和新的衝突、對既得經驗（l'acquis）的反抗、既得經驗對尚未說出之事物所施加的壓抑、既得經驗用來遮蓋尚未說出之事物的各種掩飾、有時既得經驗會成功使尚未說出之事物所遭受的遺忘；但是觀念史也描述了從遠方暗暗地準備未來論述的便利條件；它描述了發現的影響、發現的傳播速度和範圍、緩慢的替代過程或擾亂熟悉語言的突發震撼；它描述了新事物融入已經建構的既得經驗場域、原創逐漸淪為傳統、或是已說（déjà-dit）的再現，還有起源的重現。但是，這種縱橫交錯無法阻止它始終保持對新舊的兩極分析。這個分析會在歷史的經驗要素以及在每一個這些時刻中，將注意力重新放在起源的問題上；因此，在每一部作品、每一本書籍、在最短的文本中，問題就在於發現決裂點，還有盡可能最精確地在如下事物之間建立劃分：已存之事物的隱含厚度、對已取得之意見可能非自願的忠誠、論述必然性的法則，以及創造的活力、突然進

入不可化約的差異中。這種對原創性的描述，儘管看起來是不言而喻的，卻提出了兩個極為困難的方法學問題：那就是相似性（ressemblance）的問題，以及相繼性（procession）的問題。事實上，這種描述假設我們可以建立一種單一的大型系列，在這個系列中，每一個表達都會依據同質性的時間順序標定來確定日期。但是更進一步觀察，格里姆（Grimm）的母音變化法則是否以相同的方式且在相同的時間線上先於博普（Bopp，他引述了這個法則、使用了這個法則，並且對這個法則做了一些應用與調整）；戈杜（Cœurdoux）與安克蒂爾－杜佩隆（Anquetil-Duperron）（透過觀察到希臘文和梵文之間的類比）是否先於印歐語言的定義並搶在比較文法創始者的前頭呢？在相同的系列中並依相同的先行模式，索緒爾（Saussure）是否被珀斯（Pierce）與其符號學、阿爾諾（Arnauld）與朗斯洛對符號的古典分析、斯多葛派和能指理論「領先」了？先後順序（précession）並不是一個不可化約的首要已知條件；它不具備測定所有的論述、區分原創和重複的絕對衡量作用。僅僅標定前因還不足以確定論述的次序：相反的，論述的次序隸屬於我們分析的論述、我們選擇的層次、我們建立的範圍。按日期來

陳列論述、為論述的每一要素確立一個日期，這種方式無法取得先後順序和原創性的明確等級；這個等級僅與它賦予價值的論述系統有關。

　　至於兩個或多個相連貫的表達之間的相似性，它也提出了一系列的問題。在什麼意義上且根據哪些標準，我們可以肯定：「這已經說過了」；「我們已經在某個文本中見過相同的東西」；「這個命題已經非常接近那個命題了」等等？在論述的次序中，什麼是部分或整體的同一性？就算兩個聲明完全相同，就算它們使用的是意義相同的同樣字詞，我們都知道這並不能將它們視為絕對相同的。即使我們在狄德羅與拉馬克（Lamarck）、或是貝諾瓦·德·馬耶與達爾文的作品裡發現相同的演化原則表達，我們都不能認為他們之間存有單一且相同的論述事件，而且這個論述事件會貫穿時間，歷經一系列的重複。徹底的同一性並不是一種標準；更不用說當同一性是部分的，當字詞也不會每次都以相同的意義被使用，或是當我們透過不同的字詞來理解一個相同的意義核心時：在什麼樣的範圍內，我們可以肯定這確實是布豐、朱西厄和居維葉（Cuvier）以極為不同的論述與詞彙而呈現的同一個有機

論主題（thème organiciste）？反過來說，我們是否可以認為，組織（organisation）這個字詞對多本頓（Daubenton）、布盧門巴哈（Blumenbach）、傑歐佛瓦・聖伊萊爾（Geoffroy Saint-Hilaire）而言，都有相同的意義？普遍來說，我們在居維葉和達爾文、這同一個居維葉和林奈（或亞里斯多德）之間標定的相似性是否為同一類型？各種表達之間沒有可立即辨識出來的自身相似性：它們的類比是我們用以標定之的論述場域的影響。

　　因此，貿然質問我們正在研究的文本關於它們的原創性身分，以及它們是否在前無古人的情況下真的擁有這些高超之處，這是不合理的。這個問題是沒有意義的，除非是在定義非常精確的系列中、在我們已經建立了限制和領域的集合體中、在界定了可說是同質論述場域的各種標定之間[*]。但是，在大量累積的已說之中尋找「預先」類似於後來某一文本的文本、在歷史中搜尋以發現預測或迴響的作用、回溯至最初的根源或下尋至最後的痕跡、相繼彰顯一部作品對傳統的忠誠度或不可化約的獨特性、提高或降低它的原創性部分、說皇家港派的文法學家根本沒有任何的新發明、或是發現居維葉的先驅比我們想像中的還要多，這些都只是幼稚歷史學家討喜但過時的消遣。

考古學描述針對的就是這些論述實踐，如果我們不想以不合規定、無知的方式，亦即按照價值來建立這些論述實踐，就必須援引這些接續性的事實。因此，在考古學描述所處的層次上，原創性—平庸性之間的對立是不恰當的：在最初的表達和在數年、數個世紀後或多或少會準確地重複這個表達的句子之間，考古學描述沒有建立任何的價值等級；它沒有做出根本的區分。它只尋求建立陳述的規律性（régularité）。在此，規律性與不規律性並非相互對立的，不規律性在主流意見或最常見的文本的邊緣，可用來形容異常的陳述（不正常、預言性的、過時的、天才的或病態的）；對所有的口頭表現來說（非凡的、或是平庸的，在同類型中是獨一無二的、或是被重複無數次的），規律性指出了一個條件集合體，在這些條件中，確保與定義其存在的陳述功能得以被執行。被如此理解的規律性並不用來形容統計曲線各種界線之間的某個中心位置——因此，它不具備頻率或概率指標的價值；它詳細說明了一個有效的出現

---

*　　　　康居朗用這個方法建立了一系列的命題，使得從威利斯到波恰斯卡（Prochaska）得以為反思下定義。

場域。所有的陳述都具有某種規律性，兩者不可分離。因此，我們不能把陳述的規律性和另一個陳述（它可能更難以預料、更特別、更富有創新性）的不規律性相互對照，而是要與形容其他陳述的其他規律性相互比較。

考古學不是在尋找發明；而且它對於這個首次有人確定了某個真理的時刻（我希望這是個令人感動的時刻）是冷漠的；它不會試著去恢復這些節慶的晨光。但這也不是為了針對意見的一般現象，以及所有人在某一時代可能會重複的單調乏味。它在林奈或布豐、佩帝或李嘉圖、皮內爾或畢夏的文本中所尋求的，不是要建立神聖創始者的名單；而是要彰顯論述實踐的規律性。這個實踐就是以相同的方式，在所有較不那麼原創的繼承者或是在其較不那麼原創的先輩那裡產生作用的實踐；這個實踐在他們自己的作品中不僅闡明了最原創的斷言（而且是在他們之前沒有人想過的），還有已經採用過、甚至是從先輩那裡複製過來的斷言。從陳述的觀點來看，一項發現不會比重複它與傳播它的文本更缺乏規律性；規律性在平庸性中不會比在不尋常的形成中更缺乏運作性、有效性和主動性。在這樣一個描述裡，我們不能同意創造性的陳述（它們會呈現某種新

的事物、傳播某個前所未有的信息,而且在某種程度上可說是「主動的」)和模仿性的陳述(它們會接受和重複信息,因而可說是「被動的」)之間有本質上的差異。陳述場域並不是由豐富時刻斷節出來的惰性區域集合體;這是一個自始至終都很活躍的領域。

這個對陳述規律性的分析可以從好幾個方向展開,或許將來應該更仔細地探索。

1. 因此,規律性的某種形式可用來形容一個陳述集合體,我們無須、也不可能區分什麼可能是新的、什麼可能不是新的。但是,這些規律性 —— 我們稍後會回到這一點 —— 都不是斷然的;我們在杜爾奈福爾和達爾文、朗斯洛和索緒爾,或是佩帝和凱因斯(Kaynes)那裡發現的規律性並不相同。因此,我們面對的是陳述規律性的同質場域(它們形容的是一種論述形成),但是這些場域彼此之間是不同的。然而,這個通向新陳述規律性場域的過程,並不必然會伴隨符合論述所有其他層

次的變遷。從文法（詞彙、句法，更普遍來說是語言）的觀點來看，我們可以發現相同的口頭表現；從邏輯的觀點（從命題結構、或是從它所處的演繹系統的觀點）來看，這些口頭表現也是相同的；但是它們在陳述方面（énonciativement）是不同的。因此，價格和流通貨幣總量之間的定量關係表達可以使用相同的字詞 —— 或是同義詞 —— 表示，且能透過相同的推理來取得；在格雷沙姆（Gresham）或洛克（Locke）的作品裡，以及在十九世紀邊際主義者（marginaliste）的作品裡，這種表達在陳述方面是不相同的；無論如何，它都不屬於相同的對象與概念所形成的系統。因此，我們必須區分語言類比（analogie linguistique）（或可翻譯性）、邏輯同一性（identité logique）（或等價性），以及陳述同質性（homogénéité énonciative）。考古學專門研究的正是這些同質性。因此，透過在語言方面類比或是在邏輯上有等價性的口頭表達，它可以觀察

到新論述實踐的出現（皇家港派的文法家有時會逐字逐句地重新採用句子—屬性與動詞—連接詞的舊理論，因而開啟了一種考古學必須描述其特殊性的陳述規律性）。相反的，如果考古學能不顧這個異質性，而在這裡或那裡辨識出某種陳述規律性，它就可以忽略詞彙的差異，它就可以不提語義場域或不同的演繹組織（從這個觀點來看，與朗斯洛的「邏輯」分析相較之下，我們在十八世紀發現的行為語言理論、語言起源的研究、原始根源的建立，這些都不是「全新的」）。

　　因此，我們見到若干中斷和連結的現象浮現了。我們再也不能說一項發現、一種普遍原則的表達、或是一項計畫的定義大大地開啟了論述歷史的新階段。我們再也不用尋求這個絕對起源或全面革命的點，從這個點開始，一切都被組織、一切都變得可能與必要、一切都被廢除以便重新開始。我們處理的是不同類型和層次的事件，它們處於不同的歷史結構中；一個被建立起來的陳

述同質性無論如何都不意味著如今及往後的數十年或數世紀裡，人類將會述說與思考相同的事物；它也不意味著對從中衍生出其他一切結果的原則給予明確或模糊的定義。陳述的同質性（與異質性）、語言的連續性（和變遷）、邏輯的同一性（與差異）相互交織，它們彼此之間的步調無須一致或必得相互支配。但是它們之間應該存有若干關係和相互依存性，這些關係和相互依存性的領域大概非常複雜，我們必須加以梳理。

2. 另一個研究方向：陳述規律性的內部等級。我們已經看到，所有的陳述都隸屬於某種規律性——因此，沒有任何陳述可以被視為純粹且單純的創造，或是天才的奇妙無序。但是我們也見到，沒有陳述可以被視為無效且相當於最初陳述幾乎不真實的影子或副本。整個陳述場域既是規律的，又是靈敏的：它不眠不休；即使是最少——最不引人注目或最平庸——的陳述也能運用整個規則

作用，根據這些規則，它的陳述對象、它的形態、它使用的概念以及它所屬的策略就形成了。這些規則從未被限定在某一表達裡，它們貫穿這些表達，並為這些表達建構一個共存空間；因此，我們不可能發現可以闡明表達本身的獨特陳述。但是某些陳述群會以它們最普遍、最能廣泛應用的形式來使用這些規則；以這些陳述群為基礎，我們可以見到其他對象、其他概念、其他陳述形態或其他策略選擇如何自較不普遍、應用領域更特定的規則中形成。因此，我們可以描述陳述的衍生（dérivation）樹狀圖：位在底部的陳述會在它們最廣泛的範圍內使用表達的規則；位在頂部、在若干分枝之後的陳述會使用相同的規律性，但這個規律性會被闡明得更細緻、會更準確地被界定並侷限於它的外延之中。

因此，考古學可以建構某一論述的衍生樹狀圖，而這也是它的重要主題之一。以自然歷史的衍生樹狀圖為例。考古學會在它的根部放置所謂

的指導型陳述（énoncés recteurs），這些陳述涉及了可觀察之結構與可能之對象場域的定義，它們規定了描述形式與其可使用的感知代碼，它們彰顯出特徵化最普遍的可能性，並因而開啟了一整個有待建構的概念領域，最後它們會在建構一個策略選擇的同時，為大量的後續選項留下位置。而且考古學會在枝椏的末端，或至少是在整個樹狀圖之中找到「發現」（例如化石系列的發現）、概念轉型（例如種類的新定義）、全新觀念的出現（例如哺乳類或有機體的觀念）、技術的發展（收藏的組織原則、分類與術語表的方式）。這個以指導型陳述為基礎的衍生圖不能與建立在公理之上的演繹混淆在一起；它也不應該被同化為一種普遍觀念或是哲學核心的萌芽，這個觀點或哲學核心的意義會在經驗或明確的概念化中逐漸展開；最後，它不應該被當作一項以發現為基礎的心理學起源，因為這種發現會逐漸發展其結果，並擴展其可能性。它不同於所有這些路線，

而且它應該以其自主性來被描繪。我們因而可以描繪自然歷史的考古學衍生圖，且無須從它不可驗證的公理或基本主題（例如自然的連續性）開始，也無須以最初的發現或方法（例如林奈之前的杜爾奈福爾、杜爾奈福爾之前的約翰斯頓〔Jonston〕）作為起點和指導方向。考古學次序並非系統性的次序，也不是時間順序的接續次序。

　　但是我們見到一整個可能問題的領域被開啟了。因為這些不同的次序都是特定的，而且每個次序都有自己的自主權，它們之間應該是存在某些關係和依存性的。對於某些論述形成來說，考古學次序可能與系統性次序沒有太大的差別，就像在其他狀況下，它可能會遵循時間順序的接續性。這些平行性（相反的，我們可在別處發現一些扭曲）值得我們去分析。總而言之，重要的是不要混淆了這些不同的排序，不要在一個最初的「發現」或表達的原創性中尋找我們可以演繹與衍生一切的原則；不要在一個普遍原則中尋求陳

述的規律性或個人發明的法則；不要使用考古學
的衍生圖來重現時間次序或彰顯某種演繹模式。

沒有什麼比在論述形成的分析中看到總體歷史分期的嘗試
更為錯誤的了：因為從某個時刻起、且在某一時間內，每個人
都可能會以相同的方式思考，即使表面上有差異，但他們會透
過多形態的詞彙來說相同的事物，並產生一種我們應該可以從
各個方向不加區別地瀏覽的大型論述。相反的，考古學描述的
是一種陳述同質性的層次，這個層次有自己的時間劃分，而且
不會抹去所有我們可以在語言中標定的其他各種同一性與差異
的形式；而且在這個層次裡，考古學建立了某種排序、各種等
級，以及一整個排除了大量、無定形且全面斷然之共時性的分
析。在這些如此混亂、我們稱為「時代」（époque）的統一體中，
考古學以其特殊性使得「陳述的時期」顯現出來，這些時期在
概念時間、理論階段、形式化階段、語言演變的階段上被闡明，
但不會相互混淆。

III.
LES CONTRADICTIONS

矛盾

　　觀念史對它分析的論述通常是講究一致性的。它是否有時會觀察到用詞上的不規律性、多個不相容的命題、彼此不一致之意義的作用、某些無法整體系統化的概念？它的任務是在或多或少深刻的層次上尋找一個內聚力的原則，這個原則會組織論述並恢復它隱藏的統一體。這個一致性法則是一種啟發性的規則、一種程序上的義務、幾乎是一種研究的道德約束：不要徒勞無功地增加矛盾；不要陷入細微的差異；不要過份重視變

遷、修飾、回顧過去、爭論等的價值；不要假設人類的論述總是會從內部被他們的慾望、他們受到的影響、或是他們生活的條件等矛盾所削弱；而是要承認，如果他們說話、如果他們之間進行對話，這主要是為了克服這些矛盾，並找到可以掌控它們的方法。但是，這個一致性也是研究的成果：它定義了完成分析的最終統一體；它發現了文本的內部組織、個別作品的發展形式、或是不同論述之間的相會點。為了重建這個一致性，我們必須假設它的存在，而且只有在對它進行相當久遠的探索後，才確定能找到它。它看起來似乎是一種最佳方案：也就是用最簡單的方式解決最大量的矛盾。

然而，使用的方法非常多，因此，找到的一致性可能會非常不同。我們可以透過分析命題的真理和將它們連結起來的關係，來定義一個邏輯上不矛盾的場域：我們因而將會發現某種系統性；我們將從句子的可見實體回溯到被文法的模稜兩可、字詞的能指超載所掩蓋的這個純粹的理想架構，就像它們在呈現這個架構時的模樣。但是我們也可能完全相反地，在跟隨類比和象徵符號的線索之時，再度發現一個更有想像力而非論述的、更感性而非理性的、更接近慾望而非概念的主題；這種主

題的力量使那些最對立的形態充滿活力，但這是為了立即將它們融成一個可以緩慢轉型的統一體；因此，我們發現的是一種可塑的連續性，是某一意義在表述、形象、各種隱喻中形成的經過。這些主題性或系統性的一致性可以是明確或不明確的：我們可以在表述的層次上尋找它們，這些表述在說話的主體身上是有意識的，但是其論述──因某些情勢上的理由，或是與其語言形式本身有關的無能──是難以表達這些表述的；我們也可以在某些結構中尋找它們，這些結構對作者的約束多於作者對它們的建構，而且這些結構會在作者沒有意識到的狀況下把公設、操作模式、語言規則、斷言和基本信仰的集合體、形象的類型或整個幻想邏輯強加給他。最後，這可能涉及我們在某一個體的層次上──他的自傳、或是其論述的獨特情勢──建立起來的一致性，但是我們也可以依據更廣泛的標定來建立這些一致性，並賦予它們一個時代、一個普遍的意識形式、一種社會類型、一個傳統的集合體、一種一整個文化共同想像背景的集體與歷時維度。在所有這些形式之下，被如此發現的一致性總是有相同的作用：那就是指出立即可見的矛盾只不過是表層的閃光；並指出我們必須將這些分散光芒的作用重新聚集

到單一淵源。矛盾是一種自我隱藏或被隱藏之統一體的幻象：它只存於意識和無意識、思考和文本、理想性和表達的偶然實體之間的差距。總而言之，分析必須盡可能地消除矛盾。

在此一研究結束之際，只會留下殘餘的矛盾——意外、失誤、缺陷——，或是相反的，出現了基本的矛盾，彷彿整個分析已經悄悄且不由自主地導向這種矛盾；在系統的起源上，不相容的公設發揮作用、各種我們無法調和的影響相互交織、慾望的最初衍射、讓社會與其本身相互對立的經濟與政治衝突，所有這一切不是作為必須減少的表層要素那樣出現，而是最終表現成組織原則，表現成能闡明所有細微矛盾並為它們提供堅實基礎的創始和祕密法則：總之，就是作為所有其他對立的模型。這樣一個矛盾遠非是論述的表象或意外，遠非是論述必須擺脫以便最終解放其已展開之真理的事物，而是構成了論述存在的法則本身：論述正是從矛盾之中出現的，論述正是為了同時翻譯和克服矛盾，才開始說話的；當矛盾不斷地透過論述重生，論述為了逃離矛盾，才會持續下去並不斷重新開始；這是因為矛盾總是處於論述之內，因為論述永遠無法完全繞開矛盾，因為論述會改變，因為論述會變形，因為論述會自行從自

身的連續性中逃脫。矛盾因而會隨著論述而運作，就像是它的歷史性原則。

　　因此，觀念史承認兩種矛盾的層次：一是在論述的深刻統一體中被分解的表面層次；一是產生語言本身的基礎層次。相較於第一個矛盾層次，論述是必須擺脫它們的偶然在場、擺脫它們太顯而易見之實體的理想形態；相較於第二個矛盾層次，論述是矛盾可能採用的、以及我們必須摧毀其明顯內聚力的經驗形態，以便最終在矛盾的湧現和暴力之中找回這些矛盾。論述是從一個矛盾到另一個矛盾的過程：如果論述產生了我們所見到的那些矛盾，那是因為它遵循了被它隱藏起來的那個矛盾。分析論述，就是讓矛盾消失並使之再現；就是指出矛盾對論述的作用；就是顯示論述如何能將這些矛盾表現出來、賦予它們實體、或是給予它們一種短暫的外表。

　　對考古學分析來說，矛盾既不是要克服的表象，也不是必須抽離的祕密原則。這些都是要為它們自己描述的對象，我們無須尋求從什麼觀點來看它們是可能消失的，或是它們在什麼層次上會被強化並倒果為因。舉一個簡單且在此已經多次提及的例子：十八世紀時，林奈的物種不變原則（principe fixiste）

遭到反駁，並不是因為反常整齊花（*Peloria*）的發現，這一發現只是改變了該原則的應用形態，而是因為布豐、狄德羅、波爾德、馬耶和其他許多人的「進化論的」斷言。考古學分析不是要指出在這個對立之下且在一個更基本的層次上，每個人都接受了若干基本論點（自然的連續性與其完整性、新形式與環境之間的相關性、從無生命到有生命近乎無法察覺的過程）；它也不是要指出這樣的對立在自然史的特定領域中，反映了一種更普遍的衝突，這個衝突包含了十八世紀的所有知識和思想（這是兩個主題之間的衝突，其中一個是井然有序之創造的主題，這個創造是被斷然取得的、是在毫無保留下被展開的，另一個是豐富之自然的主題，這個自然具有神祕的力量、在歷史中逐漸展開、並依時間的巨大推力來擾亂所有的空間次序）。考古學試著指出物種不變論和「進化論」這兩種斷言如何在物種和種類的描述中擁有共同的位置：這種描述以器官的可見構造（亦即它們的形狀、大小、數量、在空間中的布置）為對象；而且它可以用兩種方式來限制這個對象（在有機體的集合體中、或是在它的某些要素中，這些要素或者依其重要性來確定，或者依其分類學的方便性來確定）；因此，在第二種情況

下，我們展示了一張有規律的圖表，這個圖表具有許多被定義的格子，我們可以說它建構了所有可能之創造的規劃（因此，當前的、未來或是已經消失的物種與種類排序最終都能被確定）；而在第一種情況中，我們展示的是處於不確定與開放狀態的同源群，它們彼此分開，而且它們在不確定的數量上，容忍非常接近預先存在之形式的新形式。我們因而從對象的某個領域、其界線與其分區控管中，得出兩個論點之間的矛盾，但我們並沒有解決這個矛盾；我們沒有發現調解點。不過我們也沒有將它轉移到一個更基本的層次上；我們定義了矛盾占據的位置；我們彰顯了二擇一的分枝；我們確定了分歧點和兩種論述並列之處。結構理論並不是一個共同的公設，不是林奈和布豐共有的一般信念之基礎，不是一個堅實且基本的斷言，這個斷言可能會將進化論和物種不變論的衝突推向次要的辯論層次；結構理論是矛盾不相容性的原則，是支配它們衍生與共存的法則。考古學分析將矛盾視作描述的對象，不會試圖在矛盾之中發現一個共同的形式或主題，而是試圖確認它們差距的尺度和形式。相較於觀念史想要將矛盾融入一個整體形態的半暗統一體裡，或是將矛盾轉化成一個普遍、抽象和統一的

詮釋或解釋原則，考古學描述的是不同的分歧空間（espace de dissension）。

因此，考古學放棄將矛盾當作以相同方式、在所有論述層次執行的一般功能，而分析應該將這個功能完全消除或重新導向一種原始、建構性的形式之中：考古學用來取代那個矛盾——以千百種面孔呈現，接著被消除，最後在它達到頂點的衝突中被重建——的巨大作用的，是對矛盾的不同類型、不同層次的分析，根據這些類型和層次，我們能標定矛盾、矛盾可能執行的不同功能。

我們首先談論不同的類型。某些矛盾僅存於命題或論點的層面，絲毫不會影響使它們成為可能的陳述體系：因此，在十八世紀，化石的動物特徵論點與更為傳統的礦物性質論點是相對立的；的確，我們可以從這兩個論點中汲取的結論不但眾多而且意義深遠；但是我們仍可以指出它們誕生於相同的論述形成、在相同的點上，而且依據的是執行陳述功能的相同條件；在考古學上被衍生出來的正是這些矛盾，而且它們建構了一種最終狀態。相反的，其他矛盾則跨越了論述形成的限制，而且它們使不屬於相同陳述條件的論點相對立：因此，林奈的物種

不變論遭到達爾文進化論的駁斥，但僅限於當我們消除了前者所屬的自然歷史和後者隸屬的生物學這兩者之間的差異時。這些都是外在的（extrinsèque）矛盾，反映了不同論述形成之間的對立。對考古學描述來說（而且在此不考慮程序各種可能的移動），這種對立建構了起點（*terminus a quo*），而衍生的矛盾則構成了分析的終點（*terminus ad quem*）。在這兩個極端之間，考古學描述描繪的是我們所謂的內在的（intrinsèque）矛盾；那些在論述形成本身之內展開、誕生於形成系統某一點上的矛盾讓子系統出現了：我們仍以十八世紀的自然歷史為例，這因而是造成「方法學」分析與「系統性」分析相對立的矛盾。在此，對立並非終點：這不是同一對象的兩個矛盾命題，這不是同一概念的兩種不相容的用法，而是形成陳述的兩種方法，它們都能以某些對象、某些主觀性的立場、某些概念和某些策略性選擇來形容。但是，這些系統都不是最初的：因為我們可以指出這兩個系統在多大程度上都衍生自單一且相同的實證性，那就是自然歷史的實證性。正是這些內在的對立（oppositions intrinsèques）與考古學分析是相關的。

接著談論不同的層次。考古學上的內在矛盾並不是一個純

粹且簡單的事實，這個事實足以被確認成一種原則或被解釋為一個結果。這是一個複雜的現象，分布在不同的論述形成層面上。因此，對於在整個十八世紀始終處於對立狀態的系統性的自然歷史和方法學的自然歷史，我們可以承認如下：對象的不相符（inadéquation）（在某種情況下，我們描述的是植物的一般外觀；在另一種情況下，則是一些預先確定的變數；在某種情況下，我們描述的是植物的整體性，或至少是它最重要的部分，在另一種情況下，我們描述某些任意選擇的要素以便於分類；我們時而考慮植物生長與成熟的不同狀態，時而侷限在最佳可見性的時刻和階段）；陳述形態的分歧（divergence）（進行植物的系統性分析時，我們使用的是嚴格的感知和語言代碼且依據恆定的範圍；進行方法學描述時，這些代碼相對自由，而且標定的範圍是可以變動的）；概念的不相容性（incompatibilité）（在「系統」裡，屬性特徵的概念是一種用來指稱種類的任意標記，雖然這個標記不是用來騙人的；在方法學中，這個相同的概念必須涵蓋種類的真實定義）；最後是理論選擇的排除（exclusion）（系統性的分類學使「物種不變論」成為可能，即使這個理論被兩種觀念所糾正，其中一種觀

念認為創造會在時間中持續下去，並逐漸展現成圖表要素，另一種則認為在今日看來，自然災害擾亂了自然鄰近區域的線性次序，但這種分類學排除了某種轉型的可能性，而方法學接受這種可能性但又沒有絕對包含之）。

接下來談功能。所有這些對立形式的作用在論述實踐中都不同：它們並非清一色都是需要克服的障礙或是構成生長的原則。無論如何，在它們身上尋找歷史減速或加速的原因是不夠的；時間並不是以對立的空洞且普遍的形式為基礎而被納入論述的真理和理想性之中。這些對立一直都是被確定的功能時刻。其中一些確保了陳述場域的額外發展（développement additionnel）：它們開啟了辯論、經驗、驗證、各種推理的序列；它們能讓我們確定新的對象，它們可促使新的陳述形態產生，它們定義新的概念或修改既存概念的應用場域：但論述的實證性系統並沒有任何修改（十八世紀自然主義者對礦物與植物之界線、生命或自然與化石起源之界線的爭論就是如此）；這些附加的過程最終是透過駁斥它們的驗證或是將它們排除在外的發現來保持開放或封閉。其他對立則引發論述場域的重組（réorganisation）：它們提出的問題是一個陳述群在另一個陳

述群的可能翻譯，以及能將它們相互連結的那個吻合點、將它們整合進一個更普遍空間的問題（因此，十八世紀自然主義者之間的系統－方法對立引發了一系列的嘗試，想將這兩者全部重寫成一個單一的描述形式，想賦予方法學一個系統的嚴謹性和規律性，想讓系統的任意性和方法學的具體分析能夠一致）；這些不是新對象、新概念、以線性方式加入舊有陳述形態的新陳述形態；而是另一個（更普遍或更特定）層次的對象、具有另一個結構與另一個應用場域的概念、是另一種類型的聲明，但是形成的規則沒有被修改。還有一些對立具有關鍵性的（critique）作用：它們使論述實踐的存在和「可接受性」發揮作用；它們定義了論述實踐的實際不可能性與歷史逆轉點（因此，在自然歷史本身之中，描述有機體的連帶關係和在確定的存在條件下可透過解剖學變數來發揮作用的功能，不再能在至少是作為自主論述形成時，形成一種自然歷史，這種自然歷史是以生物的可見特徵來進行生物分類的科學）。

因此，論述形成不是理想、持續且不生硬的文本，這種文本在矛盾的多樣性之下運行，而且在一個思想一致的平靜統一體中解決這些矛盾；論述形成也不是以多種不同面向來反映這

個矛盾的表層，這個矛盾總是藏在後面，但到處都發揮著主導作用。這比較像是一個有多種爭議的空間；這是一個必須描述其層次和作用的不同對立的集合體。因此，考古學分析清楚地除去矛盾的首要地位，這個矛盾在同時肯定與否定單一且相同的命題時，擁有自己的模式。但這不是為了要讓所有的對立在思想的一般形式中都具有相同的地位，並援引具有約束力的先驗來強行調解它們。相反的，這是要在一個確定的論述實踐中標定它們的建構點，定義它們採用的形式、它們之間的關係、它們控制的領域。簡而言之，這是要在論述的多重生硬中維持論述；從而消除一個矛盾的主題，這個矛盾在邏各斯未分化的要素中同樣被遺失又被重新發現、被解決又一直重新出現。

IV.
<u>LES FAITS COMPARATIFS</u>

比較的事實

　　考古學分析將論述形成予以個別化並加以描述。這意味著它必須在論述形成出現的同時性中對它們進行比較、將它們相互對照、把它們與時程不同的論述形成分開來，並在它們可能擁有的特殊性中，將它們與圍繞著它們、把它們當作一般要素的非論述實踐連結在一起。依舊是在這一點上，考古學研究與分析某一理論內部結構的知識論或「建築技術的」（architectonique）描述非常不同，考古學研究一直都是多元的：

它在多個層面中被執行；它遍及了各種縫隙和間距；它有自己的領域，各種統一體在此並置、彼此分開、確立它們的邊界、相互對立、在它們之間描繪出空白空間。當它針對的是論述的單一類型（《古典時代瘋狂史》中的精神病學類型，或是《臨床的誕生》裡的醫學類型），這是為了透過比較來建立時間順序的界線；這也是為了在它們出現的同時並在與它們的相關性之中描述一個制度的場域，以及事件、實踐、政治決策的集合體，還有一連串的經濟過程，在這些經濟過程中，出現了人口變動、輔助技術、人力需求、失業的不同層次等等。但是考古學分析也能以某種側面接近的方式（例如在《詞與物》裡採用的方式），讓多個不同的實證性發揮作用，它可以在某個確定的時期內比較這些實證性的共伴狀態，並與其他在某一既定時代裡取代它們的論述類型相互對照。

但是所有這些分析都與我們通常採用的分析相當不同。

1. 比較，在此一直都是受侷限且有區域性的。考古學不想彰顯一般形式，而是尋求勾勒諸多的個別配置（configurations singulières）。當我們對照古典

時代的通用文法、財富分析和自然歷史，這不是
為了將十七和十八世紀普遍心態的三種表現──
特別具有表達價值、但很奇怪的是至今都被忽略
了──聚集在一起；這不是為了以某個簡化模型
和特定領域為基礎，來重建曾運用於整個古典科
學的合理性形式；這甚至不是為了闡明我們以為
熟悉的文化樣貌鮮為人知的那一面。我們不想指
出十八世紀的人普遍感興趣的是次序而不是歷史、
是分類而不是發展、是符號而不是因果機制。問
題在於揭露一個非常確定的論述形成集合體，在
這些論述形成之間存有某些可描述的關係。這些
關係不會湧入毗鄰的領域，我們不能將它們逐步
轉移到整個當代論述之中，更沒有理由將它們轉
移到我們通常所謂的「古典精神」裡：這些關係
都被緊緊侷限在被研究的三點之中，而且只在由
此指定的領域中才有效。這個跨論述的集合體本
身以群組的形式與論述的其他類型產生關聯（一
方面是與表述的分析、符號的一般理論和「意識

形態」產生關聯；另一方面是與數學、代數分析、創立數學〔*mathesis*〕的嘗試產生關係）。正是這些內部和外部的關係將自然歷史、財富分析和通用文法形容成一個特定的集合體，並讓我們能在其中辨識出一種跨論述的配置（configuration interdiscursive）。

但有些人會說：「為何不談宇宙學、生理學或聖經釋義？如果我們使用拉瓦節（Lavoisier）之前的化學、歐拉（Euler）的數學、或是維柯（Vico）的歷史，難道就不會讓《詞與物》中的分析變得無效？在十八世紀的創造性財富中，難道就沒有其他未進入考古學嚴格框架之中的觀念嗎？」對於這些人、對於他們合理的不耐煩、對於他們能提出的所有反例證，我都很清楚，我會這樣回答：一點也沒錯。我不但承認我的分析是有限的；而且我是想要且故意這麼做的。對我來說可能是反例證的事物，也許恰好就是一個訴說的可能性：您曾經針對三個特定形成描述的所有這些關係，

所有讓屬性、表達、指稱和衍生等各種理論在其中相互連結的這些網絡，這一整個建立在不連續的特徵化和次序的連續性之上的分類學，我們一律都能以相同的方式在幾何學、理性力學、體液暨病菌生理學、對神聖歷史的批判和新興晶體學中再度發現它們。這其實應該就是證據，證明我本來不會像我聲稱的那樣描述一個跨實證性的區域（région d'interpositivité）；我本來要形容一個時代的精神或科學特徵 —— 我的整個研究都圍繞著這個主題。我描述的這些關係都對於定義某一特定的配置是有價值的；這些都不是就其整體性來描述一個文化樣貌的符號。追求世界觀（*Weltanschauung*）的朋友們一定會失望；我一心要讓我開始進行的這個描述與他們的描述是不同的類型。對他們來說，那些應該是空隙、遺忘、錯誤的事物，對我來說則是被刻意且有條不紊地排除了。

但是我們可能會說：您已經將通用文法與自

然歷史和財富分析相互對照了。那為何不對照與它在同一時代實踐的歷史、聖經批判、修辭學、美術理論？這不就是您可能會發現的另一個完全不同的跨實證性場域嗎？那麼您所描述的那個場域為何有優先權？──根本沒有優先權；它只不過是可描述集合體中的一個；事實上，如果我們重新採用通用文法，如果我們試著定義它與歷史學科和文本批判的關係，我們無疑就會看到另一個完全不同的關係系統浮現；這個描述呈現出一個跨論述的網絡，這個網絡不會加疊至以前的網絡，而是與它在某些點上交錯而過。同樣的，自然主義者的分類學可能也不再與文學和經濟學進行對照，而是與生理學和病理學相比較：新的跨實證性又浮現了（我們可以比較《詞與物》分析的分類─文法─經濟關係，以及《臨床的誕生》研究的分類學─病理學關係）。因此，這些網絡在數量上並沒有被預先定義；只有分析的驗證才能指出它們是否存在，以及哪些網絡是存在的（亦

即哪些是能被描述的）。此外，每一個論述形成並不僅僅屬於（無論如何都不一定屬於）這些系統中的其中一個；而是同時屬於多個關係場域，它在這些場域裡占據的位置和發揮的功能不盡相同（分類學—病理學關係與分類學—文法關係並不同構；文法—財富分析關係和文法—釋義關係也非同構）。

因此，考古學面對的層面不是一門科學、一種理性、一種心智狀態、一種文化；這是一個跨實證性的交錯縱橫，其限制與交叉點無法立即就被確定。考古學是一種比較分析，它不是用來減少論述的多樣性與勾勒必須將它們總體化的統一體，而是將它們的多樣性分配到不同的形態中。考古學的比較並不具備統一的效果，而是有倍增的效果。

2. 透過對照十七與十八世紀的通用文法、自然歷史和財富分析，我們可能會質問當時的語史學家、自然主義者和經濟理論家有哪些共同的觀念；我

們可能會質問，儘管他們有各式各樣的理論，但他們共同假設了哪些默認的公設、他們可能默默遵循了哪些一般原則；我們可能會質問語言分析對分類學有什麼影響，或是井然有序的自然這個觀念在財富理論中發揮了什麼作用；我們應該也能研究這些不同論述類型各自的傳播、每一個論述類型獲得公認的威信、因其歷史悠久（或相反地因其新近出現）及其最高的嚴謹性而具有的價值、溝通的渠道與信息交流的途徑；最後，我們在加入相當傳統的分析時，可能會質問盧梭在多大程度上，將他作為植物學家的知識和經驗轉移到語言分析及其起源上；圖格將哪些共同範疇應用到貨幣分析、語言及詞源學理論上；林奈或亞當森等分類學家如何重整與利用一個普遍、人工暨完美語言的觀念。當然，所有這些問題應該都是合理的（至少其中一些是如此⋯⋯）。但是，沒有任何一個問題與考古學層次相關。

考古學想要解放的，首先是 —— 在各種論

述形成的特殊性和距離之中——類比和差異的遊戲，就像它們出現在形成規則層次中的那樣。這包含了五個不同的任務：

a) 指出如何從類比的規則中形成完全不同的論述要素（通用文法的概念，例如動詞、主詞、補語、字根，它們與自然歷史和經濟學這兩個截然不同且極為異質的概念都是以相同的布置作用和陳述場域——屬性、表達、指稱、衍生的理論—為基礎而形成的；指出不同形成之間的考古學上的同構性（isomorphisme archéologique）。

b) 指出在多大程度上，這些規則能或不能以相同的方式被應用，能或不能以相同的次序相互連貫，能或不能按照相同的模型被安排在不同的論述類型中（通用文法依次將屬性理論、表達理論、指稱理論和衍生理論彼此連貫起來；自然歷史和財富分析則是將前兩個理論和後兩個理論分別組合

在一起，但是它們各自以相反的次序將這些理
論連貫起來）：亦即定義每一形成的考古學模型
（modèle archéologique）。

c) 指出這些完全不同的概念（例如價值和特定特
徵的概念，或是價格與通用特徵的概念）在其
實證性系統的分枝中占據了相同的位置——因
此它們具備了考古學上的同位素性質（isotopie
archéologique）——儘管這些概念的應用領域、形
式化的程度、尤其是歷史起源都讓它們變得對彼
此陌生。

d) 相反的，指出單一且相同的觀念（可能由單一且
相同的字詞來指稱）如何能涵蓋兩個在考古學上
不同的要素（起源和進化這兩個觀念在通用文法
和自然歷史的實證性系統中既沒有相同的作用，
也沒有相同的位置，亦無相同的形成）；指明考
古學上的差距（décalage archéologique）。

e) 最後指出從屬或互補關係如何從一個實證性到另一個實證性地被建立起來（因此，相較於財富分析和物種分析，語言的描述在古典時代具有主導作用，因為這個描述就是制度的符號理論，這些符號能複製、標記與呈現表述本身）：建立考古學上的相關性（corrélation archéologique）。

　　在所有這些描述中，沒有什麼是以影響、交換、信息傳遞、交流為基礎的。這不是要否定它們，或是否認它們可以成為某種描述的對象。而是要與它們保持一定的距離、挪動分析的進行層次、揭示使它們成為可能的事物；標定可以將一個概念投射到另一個概念的那些點，確定能進行方法或技術轉移的同構性，指出能予以普遍化的相鄰性、對稱性或類比；簡而言之，就是描述向量場和差別接受性（滲透性與不可滲透性）的場域，這個場域對交換作用而言，曾是一個歷史可能性的條件。跨實證性的配置不是相鄰的學科

群；它不僅是一個可以觀察到的相似現象；也不僅是多個論述彼此之間的整體關係；這是它們交流的法則。我們不能說：因為盧梭及其他贊同他的人相繼思索物種的排序和語言的起源，所以分類學和文法之間就建立了一些關係和產生了一些交換；因為圖格繼羅氏和佩帝之後，想要將貨幣當作符號，所以經濟學和語言理論就更為相近，而且它們的歷史還留有這些嘗試的痕跡。而是應該說 —— 至少如果我們想要進行考古學描述的話 —— 這三種實證性的各自布置作用是如此，導致在作品、作者、個別存在、計畫與嘗試的層次上，我們可以找到這樣的交換。

3. 考古學也彰顯了論述形成與非論述領域（制度、政治事件、經濟實踐與過程）之間的關係。這些比較的目的不是為了揭示重要的文化連續性，或是分離出因果機制。面對陳述事實的集合體，考古學不會質問推動它的是什麼（這是在探究表述

的上下文）；它也不會試圖找回在陳述事實中要表達的是什麼（這是闡釋學的任務）；考古學試著確定這個集合體所屬的形成規則——這些規則可形容其所屬的實證性——如何能與非論述系統相連結：考古學力圖定義表達的特定形式。

以十八世紀末建立的臨床醫學為例，它與許多政治事件、經濟現象和制度變遷是處於同一時代的。在這些事實和醫院醫學組織之間，很容易至少從直覺上猜到某些關係。但是如何分析它們？象徵符號分析在臨床組織及曾與之相伴的歷史過程中，可能同時會有兩種表達，它們相互反映、互為象徵、是彼此的鏡子，它們的含義取自參照符號的不確定作用：因為這兩種表達只說明了它們的共同形式。因此，有機體的連帶關係、功能的內聚力、生物組織的交流等醫學觀念——以及放棄疾病分類原則，以利肉體相互作用的分析——都與某種政治實踐相呼應（為了反映這些觀念，也為了在這些觀念中自我反映），這個政

治實踐在依舊封建的分層制度、功能型關係、經濟團結之下，發現了一種社會，這種社會的依存性和互惠性必須在集體形式中確保生活的類比因素。另一方面，因果分析旨在探討在多大程度上，政治變化或經濟過程可以確定科學家的意識——他們感興趣的層面和方向、他們的價值觀系統、他們感知事物的方式、他們的理性風格；因此，在工業資本主義開始清點其勞動力需求的時代，疾病就成為社會性的：保健、醫療、救濟貧困患者、研究病因和病灶，這些都已經變成國家必須考量和監督的集體負擔。據此，隨之而來的是作為勞動工具的身體價值被提升、關注以其他科學模式來使醫學合理化、努力維持人口的健康水準、關心治療與維持其效果、對長期現象的記錄。

考古學將其分析置於另一個層次：對它來說，表達、反思和象徵化等現象只是尋求形式類比或意義轉讓的全面閱讀結果；至於因果關係，它們只能在上下文或情境及其對說話主體的影響層面

上被確定；無論如何，只有在它們出現於其中的實證性和這些實證性的形成規則被定義後，它們才能被辨識出來。形容論述形成的關係場域是一個象徵符號化和效果可以被察覺、定位和確定的地方。如果考古學使醫學論述更接近某些實踐，那是為了發現比表達更不「立即」、但比說話主體的意識所傳遞的因果關係更直接的關係。它想指出的不是政治實踐如何決定醫學論述的意義和形式，而是它如何且以何種名義成為醫學論述出現、融入和運作之條件的一部分。此一關係可在多個層次中被確定。首先是在醫學對象的勾勒和界定的層次上：這當然不是因為政治實踐自十九世紀初以來將一些新對象強加於醫學，例如組織病變或解剖－生理學的相關性；而是因為它開啟了醫學對象的新標定場域（這些場域由在行政上依某些生活與健康規範而被管理、被監督、被測定，並依文獻和統計記錄的形式被分析的大量群眾構成；這些場域也由大革命和拿破崙時代龐大

的人民軍隊以其醫學控制的特定形式構成；這些場域亦由醫院救濟機構所構成，這些機構在十八世紀末和十九世紀初是根據當時的經濟需要和社會各階層的相互位置來確定的）。政治實踐與醫學論述之間的這種關係，我們也可以在賦予醫生的地位中看到，在醫生與住院病患或其私診患者之間可能持有的制度關係形式裡、在為這種知識而規定或授權的教學和傳播形態裡，醫生不僅成為享有這種論述特權的持有者，而且幾乎是唯一的持有者。最後，當這是在評判個體、做出行政決策、制訂社會規範、翻譯——為了「解決」或掩蓋它們——另一種層次的衝突、為社會分析和與社會有關的實踐提供自然類型的模型時，我們還可以在賦予醫學論述的功能中、或是在要求它發揮的作用上來掌握這種關係。因此，問題不在於指出某一既定社會的政治實踐如何建構或修改醫學的概念和病理學的理論結構；而是要指出醫學論述作為針對某一對象場域的實踐，它掌握在

某些法定個體的手中，且最終會在社會中發揮某些功能，它是如何與在它之外且本身不具有論述性質的實踐相關聯。

　　如果考古學在這種分析中，避開了表達和反思的主題，如果它拒絕在論述中看見位於他處之事件或過程的象徵性投射之表層，這不是為了找回一個我們可以逐點描述、可以將發現與事件、或者概念與社會結構聯繫起來的因果連貫性。但另一方面，如果考古學避免做這樣的因果分析，如果它想避開說話主體所做的必要接替，這不是為了確保論述至高無上且孤獨的獨立性；這是為了發現論述實踐的存在暨運作領域。換句話說，論述的考古學描述是在一般歷史的維度中展開的；它試圖發現這整個有關制度、經濟過程、社會關係的領域，論述形式可在這些社會關係的基礎上被闡明；它試圖指出論述的自主性及其特殊性如何就此而不賦予它一個純粹的理想性和完全的歷史獨立性；它想要揭示的是一個獨特的層次，歷史可在這個層次產生論述的明確類型，這些類型本身有自己的歷史性類型，並且與各種歷史性的整個集合體有關聯。

V.

LE CHANGEMENT ET LES TRANSFORMATIONS

變遷與轉型

　　現在，考古學對變遷的描述為何？我們將可對傳統的觀念史進行所有我們想要或可以進行的理論批判：因為傳統的觀念史就其自身來說，至少是以時間的接續和連貫現象作為基本主題，依據演化圖示來分析這些現象，從而描述論述的歷史發展。相反的，考古學似乎只是為了固定歷史，才會對它進行研究。一方面，考古學在描述論述形成時，忽略了可能在此表現出來的時間系列；它探究的是以相同的方式、在各個時代一律

有效的一般規則：因此，它不會將某種共時性的約束形態強加於一個可能是緩慢且難以察覺的發展上。在這個本身如此易變的「諸觀念的世界」中，看似最穩定的形態在此稍縱即逝，相反的，有這麼多的不規則性在此孕育而生且隨後取得了明確的地位，未來在此總是能自我預見，而過去則一直在變動，考古學在這個世界裡不就相當於是某種靜止的思想嗎？另一方面，當它引用編年學的時候，似乎只是為了在實證性的範圍內確定兩個固定點：亦即這些實證性出現及消失的那一刻，彷彿時間的持續只是被用來確認這個簡陋的時間表，但是它在整個分析過程中被省略了；彷彿時間只存於決裂的虛空瞬間，只存於這個空白且很矛盾地無時間性的裂縫裡，在此，一種突然的形成被另一種形成所取代。作為實證性的共時性、替代的瞬時性，時間被避開了，與它一同消失的還有歷史描述的可能性。論述脫離了發展的法則，而且在一個不連續的無時間性之中被建立起來。它以片段的形式靜止不動：就像是永恆的瞬息光芒。但這一切將是徒勞的：多個接踵而至的永恆、輪流失去作用的固定形象作用，這些既不構成一種運動，也不構成時間與歷史。

　　儘管如此，我們還是必須更仔細地探究。

A

　　首先是論述形成的明顯共時性。有一件事是真的：將規則投入每一個陳述之中是徒然的，因此，在每一個陳述中重新使用這些規則也是徒然的，因為它們並非每一次都會被修改；我們可以在貫穿時間而廣泛分布的陳述或陳述群中發現這些仍有作用的規則。例如，我們已經見到在將近一個世紀——從杜爾奈福爾到朱西厄——的時間裡，自然史的不同對象都會遵循相同的形成規則；我們已經見到朗斯洛、孔迪亞克（Condillac）、德斯蒂・德・特拉西（Destutt de Tracy）的歸屬理論是相同的，而且有相同的作用。再者，我們也已經見到，依考古學的衍生性，陳述的次序不一定會重現接續性的次序：我們可以在博澤的作品中找到一些陳述，這些陳述在考古學上先於我們可在皇家港派的通用文法中見到的陳述。因此，在這樣的分析裡，出現了時間連串性（suite temporelle）的中斷——更準確地說，就是表述的時程表中斷了。但是這種中斷的目的正是為了揭露各種關係，這些關係可用來形容論述形成的時間性並將它串連起來，但是這種串連的交錯縱橫並不會影響分析。

a) 考古學定義了一個陳述集合體的諸多形成規則。它據此顯示了事件的接續性如何可以、且在其出現的次序本身之中，成為論述的對象、被記錄、被描述、被解釋、被轉化成概念並提供了理論選擇的機會。考古學分析了論述滲透性的程度和形式：它針對一系列的接續事件提出了它的表達原則；它定義了將事件轉錄為陳述的操作者。例如，考古學不反駁財富分析與十七及十八世紀初貨幣大波動之間的關係；它試著指出在這些危機裡，有什麼可以作為論述的對象，指出財富分析和貨幣大波動如何在此被概念化，指出在這些過程中相互衝突的利益如何在其中利用它們的策略。又或者考古學認為 1832 年的霍亂大流行是一個醫學事件：因為它指出臨床論述如何使用這些規則，導致醫學對象的整個領域因而被重新組織，導致我們可以使用一整套記錄和摘錄的方法，導致我們可以放棄炎症的概念並最終甩掉陳舊的發燒理論問題。考古學並不否認新陳述與「外部」事件

之間可能有相關性。它的任務就是指出在什麼條件下，他們之間可以存有這樣的相關性，以及這個相關性確切是由什麼組成的（什麼是其可能性的限制、形式、代碼、法則）。考古學沒有迴避論述的這種可動性，此一可動性讓論述得以隨事件的節奏而變動；它試著解放論述在其中被啟動的層次——就是我們或許可以稱為事件離合器（embrayage）的層次。（每一論述形成的離合器都是特有的，不具備相同的規則、相同的操作者，也沒有相同的敏感性，它們在例如財富分析和政治經濟、在古老的「體質」醫學以及在現代流行病學中都是不同的。）

b) 此外，考古學對實證性所確認的所有形成規則都沒有相同的普遍性：有些規則較為特殊，而且是從其他的規則衍生而來的。此一從屬關係只可能是等級式的，但是它也可能包含了一個時間向量。因此，在通用文法中，動詞—屬性理論和名

詞—表達理論是相互連結的；而且第二種理論衍生自第一種理論，但是我們無法確定它們之間有接續的次序（不同於為闡述而擇定的演繹或修辭次序）。另一方面，一旦屬性句子的分析或名詞的概念被當作表述的分析符號而發展起來，補語的分析或字根的研究就會出現。再舉另一個例子：在古典時代，生物的連續性原則隱含在以結構特徵為依據的物種分類裡；而且就這個意義來說，它們是同時發生的；另一方面，一旦採用這種分類，它們的空隙和不足就能在自然史、地球史和物種史的範疇裡被詮釋。換句話說，形成規則的考古學分枝並不是一個一律同時發生的網絡：因為還存有一些時間上屬於中性的關係、分枝、衍生；還有其他包含了確切時間方向的關係、分枝、衍生。因此，考古學既不採用純粹邏輯的同時性圖示；也不會以事件的線性接續為模式；但是它試圖指出必然的接續關係與其他非必然的接續關係之間的交錯縱橫。因此，不要認為一個實證性

系統就是一個只有在強調歷時過程的集合體時，
才能感知到的共時性形態。考古學遠非對接續性
漠不關心，而是要標定衍生的時間向量（vecteurs
temporels de dérivation）。

　　考古學並不會將看似接續的事物當作是同時性的；它不
會試圖凍結時間並以描繪出靜止形態的相關性來取代事件的時
間流動。考古學擱置的是「接續性是絕對的」這樣的主題：一
種最初且不可分割的連貫，論述可能會因其有限性的法則而必
須遵循之；這也是在論述中只存有一種形式和一種接續層次這
樣的主題。考古學用分析來取代這些主題，這些分析同時揭示
了加疊在論述中的不同接續形式（我們不應該只將形式理解為
節奏或原因，而是要理解為這些系列本身），以及被如此規定
之接續性相互連接的方式。與其追隨一種原始的時程表，並為
它建立接續或同時事件的時間順序、短期或長期進程的時間順
序、瞬間與永恆現象的時間順序，不如試著指出接續性如何產
生、可在哪些不同的層次上發現不同的接續性。因此，為了建
構論述的考古學歷史，我們必須擺脫這兩種長期以來已給人留

下深刻印象的模型：一是話語的線性模型（而且至少是書寫的一部分），在這種模型中，所有的事件都是相繼而來的，除了巧合與加疊的效應之外；二是意識流的模型，它的存在總是自行消逝在未來的開放性和過去的保留性之中。雖然是矛盾的，但論述形成與意識的流動或語言的線性都沒有相同的歷史性模型。論述至少會像考古學所分析的那樣，也就是說在其實證性的層次上，不是一種將自己的計畫放在語言外在形式之中的意識；它不是一種語言，也不是一個說這種語言的主體。這是一種實踐，有自己的連貫和接續形式。

B

考古學比觀念史更願意談論斷裂、缺陷、裂口、實證性的全新形式、突然而來的再分配。傳統上，研究政治經濟史就是在探索所有可能早於李嘉圖的觀點、所有可能事先勾勒出其分析、這些分析的方法和主要觀念的事物，以及所有可能使其發現變得更有可能的事物；研究比較文法史，就是再次發現——早在博普和拉斯克（Rask）之前——有關語言演變和同源關係

的預先研究痕跡；就是確定安克蒂爾－杜佩隆在建構印歐語言領域中可能占據的部分；就是揭示 1769 年對梵文和拉丁文的動詞變化進行的首次比較；如有必要，就要回溯至哈里斯（Harris）或拉穆斯（Ramus）。考古學的研究正好相反：它主要是尋求釐清歷史學家耐心鋪展的所有這些線索；它使差異增多，弄亂了溝通的路線，並致力讓過程變得更困難；它沒有試著指出生產的重農主義分析醞釀了李嘉圖的分析；就考古學自身的分析而言，它不認為戈杜的理論醞釀了博普的理論這種說法是恰當的。

這種對不連續性的堅持呼應了什麼？說真的，它只是與歷史學家的習慣自相矛盾而已。正是這個習慣——即其對連續性、過程、預測、事先規劃的關注——通常會產生矛盾的作用。從多本頓到居維葉、從安克蒂爾到博普，以及從格拉斯蘭（Graslin）、圖格或佛柏奈（Forbonnais）到李嘉圖，儘管年代差距是如此小，但差異卻是難以計數的，而且性質非常多樣：有些是局部的，其他則是普遍的；有些涉及了方法，其他則與概念有關；有時涉及的是對象領域，有時涉及的是整個語言工具。更引人注意的是醫學的例子：從 1790 年至 1815 年，在這

四分之一世紀的時間裡，醫學論述的變化比十七世紀以來、比中世紀以來、或甚至是比希臘醫學以來都更為深刻：這個變化產生了一些對象（器官病變、深部病灶、組織異變、器官間擴散的途徑和形式、解剖一臨床的徵兆和相關性）、觀察技術、病理病灶的檢測、紀錄；另一個感知的分區控管與幾乎是全新的描述詞彙；前所未有的疾病分類概念與分布的作用（有些範疇已歷經了數百年之久，有些則有數千年的歷史，例如發燒或體質的範疇，它們消失了，而可能跟這個世界一樣古老的疾病——肺結核——最終則被區分出來與命名）。因此，就讓那些因漫不經心而從未讀過《哲學上的疾病分類》（*Nosographie philosophique*）與《諸膜論》的人盡情去說考古學任意創造了差異吧。考古學只是力圖認真對待這些差異，釐清它們的錯綜複雜，確定它們如何分配、相互牽連、相互支配、彼此附屬，還有它們屬於哪些不同的範疇：簡而言之，就是描述這些差異，並在它們之間建立它們的差異系統。如果考古學的悖論存在，這不是指它讓差異變多了，而是指它拒絕減少這些差異——從而顛倒了習以為常的價值觀。對觀念史來說，差異就像它所呈現的那樣，是個錯誤或陷阱；分析的睿見不應該被差異所阻礙，

而是要設法解開它：在這個差異之下發現一個更小的差異，並在這個更小的差異之下發現另一個更有限的差異，依此類推，直到發現理想的極限，也就是完美連續性的無差異。另一方面，考古學將我們習慣視為障礙的事物當作是它的描述對象：它的計畫不是克服差異，而是分析之、說出它們確切是由什麼組成的，還有區分（différencier）它們。這個區分，考古學是如何操作的？

1. 考古學不認為論述只由一系列的同質事件（個別的表述）構成，而是在論述的厚度之中區分出多個可能的事件層面：例如陳述本身在其特殊出現之中的層面；對象、聲明類型、概念、策略選擇（或是可影響既存陳述的轉型）等出現的層面；奠基於已運作之規則上的新形成規則的衍生層面——但永遠都在單一且相同的實證性要素之中；最後是第四個層次，就是以一個論述形成替代另一個（或是一個實證性純粹且簡單的出現和消失）的層次。這些極少見的事件對考古學來說卻是最重

要的：無論如何，只有考古學才能將它們呈現出來。但是，這些事件並非是考古學描述的唯一對象；如果認為這些事件絕對會支配其他事物，而且它們會在能區分出來的不同層次上引發類似與同時的決裂，那將是錯誤的。所有在論述厚度中產生的事件彼此都沒有垂直關係。的確，一個論述形成的出現常常都與對象、聲明形式、概念和策略的大量更新相關（但是此一原則並非普遍性的：十七世紀確立的通用文法並沒有在文法傳統中產生許多明顯的修改）；但是，我們不可能確定既定的概念或突然顯現其在場的特定對象。因此，我們不應該依據能適合某個表達出現、或是某個新字詞出現的範疇來描述這樣一個事件。就此事件而言，提出如下問題是無用的：「誰是作者？誰在說話？在什麼情況下以及在什麼樣的上下文之中？有什麼意圖且有什麼計畫？」一個新實證性的出現並不是由一個新句子來指明的，這個新句子——出人意料之外、令人驚訝、邏輯上

不可推測、風格偏差──也許會被安插在文本中，也許宣示了一個新章節的開始或一位新對話者的介入。這是一種完全不同類型的事件。

2. 為了分析這樣的事件，僅是觀察一些修改並立即將它們聯繫到創造的神學或美學模型（連同它的先驗性、所有的原創性和發明）、或覺悟的心理學模型（連同其模糊的先決條件、預期、有利的情勢、重建的能力）、或甚至是演化的生物學模型，這都是不夠的。我們必須精確定義這些修改包括了什麼：也就是說，用轉型（transformation）的分析替代對變遷（changement）的無差別參照──這同時包括了所有事件的一般內容，以及其接續性的抽象原則。一個實證性的消失和另一個實證性的出現涉及了多個轉型的類型。從最特定的轉型到最一般的轉型，我們可以、而且我們必須如此描述：形成系統的不同要素如何相互轉型（例如，哪些是失業率和就業需求的變化，哪

些是與公司及大學有關的政治決策，哪些是十八世紀末救濟的新需求和新可能性——所有這些要素都進入臨床的形成系統之中）；形成系統的特徵關係如何相互轉型（例如在十七世紀中葉，感知場域、語言代碼、工具媒介、透過論述而對生物產生作用的信息，它們之間的關係已經被修改，因而能定義自然歷史特有的對象）；不同形成規則之間的關係如何被轉型（例如，生物學如何修改自然歷史在特徵化理論和時間衍生分析之間建立的次序和依存性）；最後，不同實證性之間的關係如何相互轉型（語史學、生物學和經濟學之間的關係如何使文法、自然歷史和財富分析之間的關係產生轉型；這三門學科之間的特殊關係所描繪的跨論述配置如何被分解；它們各自與數學及哲學的關係如何被修改；如何呈現其他論述形成、特別是這個名為人文科學的跨實證性的位置）。與其援引變遷的鮮明力量（彷彿這是它的自身原則），與其尋找變遷的原因（彷彿這只是

純粹且簡單的效應），考古學寧可試著建立由「變遷」組成的轉型系統；它試著制訂這個空洞且抽象的觀念，為的是賦予它轉型的可分析地位。我們知道某些人在此只見到對歷史的否定和對不連續性的草率肯定，他們十分堅信所有這些古老的隱喻，而我們有一個半世紀的時間正是透過這些隱喻去想像歷史（運動、流動、演化）；這是因為事實上，他們無法接受我們清除了所有這些外來模型（modèle adventice）的變遷，不能接受我們除去了其普遍法則的至高無上和普遍效應的地位，並且用各種轉型的分析來替代之。

3. 我們說一個論述形成取代了另一個，這並不是說一個由對象、聲明、概念、絕對全新的理論選擇組成的整個世界，會突然完備且井然有序地出現在一個文本中，且這個文本會斷然地安置之；而是說一個關係的普遍轉型會被產生，但這種轉型不一定會完全改變所有的要素；也就是說陳述會

遵循新的形成規則，但這並不意味著所有的對象或概念、所有的聲明或所有的理論選擇都會消失。相反的，以這些新的規則為基礎，我們可以描繪與分析連續性、回歸和重複的現象：事實上，我們不應該忘記，形成規則既不是某個對象的確定，也不是某種聲明類型的特徵化，亦非概念的形式或內容，而是它們的增加和分散原則。這些要素的其中一個──或是其中幾個──可以是相同的（保持相同的劃分、相同的特徵、相同的結構），但是屬於分散的不同系統，並隸屬不同的形成法則。因此，我們可以發現如下現象：有一些要素自始至終都存於多個不同的實證性之中，它們的形式和內容是相同的，但它們的形成卻是異質的（因此，貨幣流通首先是財富分析的對象，接著是政治經濟學的對象；特徵的概念首先出現在自然歷史中，接著出現在生物學裡）；有一些要素在論述形成中被建構、修改、組織，這些最終被確定下來的要素又會在另一個論述形成中出

現（因此，反思這個概念曾被康居朗在從威利到波恰斯卡的古典科學中指出，接著被引入現代生理學中）；有一些作為最終衍生的要素在論述形成裡出現得較晚，卻在隨後的形成中占據首要位置（因此，有機體的觀念於十八世紀末出現在自然歷史中，被視作是特徵化分類學的全部研究結果，卻成為居維葉時代生物學的主要概念；因此，莫爾加尼發現的病變病灶觀念就成為臨床醫學的主要概念之一）；有一些要素在被廢棄、被遺忘或甚至被取消一段時間後再度出現（因此，居維葉等生物學家才會提出林奈式物種不變論的回歸；因此，十八世紀才會重新採用原始語言的古老觀點）。對考古學來說，問題不在於否認這些現象，也不是要降低它們的重要性；而是相反的，要去衡量它們，並試著闡明它們：為何有這些跨越時間的持久性或重複、這些長期連貫性或曲線？考古學不會將連續當作是必須闡明其餘一切的最初和最終數據；相反的，它認為相同、重複和不間

斷所提出的問題並不亞於決裂提出的問題；對它來說，同一性和連續都不是在分析結束時應該要發現的；它們出現在論述實踐的要素之中；它們也受制於實證性的形成規則；它們遠遠不能表現出這個基本且令人安心、我們喜歡用變遷來對照的惰性，它們本身是以主動、規律的方式形成的。針對那些試圖責備考古學優先分析不連續的人，針對所有這些對歷史與時間懷有恐懼症的人，針對這些混淆了決裂和不合理性的人，我會這樣回答：「透過您對它的使用，正是您貶低了連續。您將它視為一個支持要素，其餘一切都必須與其相對照；您讓它成為首要法則，成為所有論述實踐的基本重心；您想要我們分析這個惰性場域裡的所有修改，就像我們分析萬有引力場域中的所有運動一樣。但是您只有使之失去作用、在時間的外在限制內將它推向原始的被動性，才會賦予它這個地位。考古學打算顛覆這種安排，或者更確切地說（因為問題不在於將迄今為止都由連續

性扮演的角色賦予不連續性）是讓連續和不連續相互對立：指出連續如何根據與分散相同的條件及規則來形成；並指出它進入論述實踐的場域時，與差異、發明、新事物或衍生物無異。」

4. 實證性的出現和消除、它們產生的替代作用，這些都不會構成一個以相同方式到處展開的同質過程。不要相信決裂是一種所有的論述形成都會同時遵循、重要且普遍的偏移形式：決裂不是一個停滯與未區分的時間，可能會被插入——就算只是瞬間——兩個明顯的階段之間；它不是沒有期限的失誤，會將兩個時代分開並從某一缺陷的兩端展開兩個異質的時間；決裂一直是存於明確的實證性之間、由若干不同轉型說明的一種不連續性。因此，分析考古學斷裂的目的是要在這麼多不同的修改之間建立類比與差異、等級、互補性、巧合與間距：簡而言之，就是描述不連續性本身的分散。

認為單一且相同的斷裂會在既定時刻突然分割所有的論述形成、一下子就使它們中斷並根據相同的規則來重建它們—這樣的觀念是無法接受的。多個轉型的同時代性並不意味著它們在時間順序上完全一致：每一個轉型都可能有其特定的時間「黏滯性」（viscosité）指標。自然史、通用文法和財富分析都是以類似的模式構成，這三者都存於十七世紀；但是，財富分析的形成系統與大量的非論述條件及實踐（商品流通、貨幣操作及其影響、貿易和製造業的保護系統、貨幣化金屬數量的波動）有關：由此，某種過程在一個多世紀的時間裡（從葛拉蒙〔Grammont〕到坎蒂隆〔Cantillon〕）緩慢展開，但是確立了通用文法和自然歷史的那些轉型卻幾乎沒有延續超過二十五年。相反的，那些同時代的、類比的且有關聯的轉型並非只參照單一模型，這個模型可能會在論述的表層上多次重現，並可能會為全部的論述強加上某種絕對相同的決裂形式：當我們描述產生

語史學、生物學和經濟學的考古學斷裂時，我們是要指出這三種實證性如何被聯繫起來（透過符號分析和表述理論的消失）、考古學斷裂可能會產生哪些對稱效應（整體性和生物的有機體適應等觀念；語言中的形態一致性和有規則演化的觀念；具有自己的內在法則與演化限制之生產形式的觀念）；但這同樣意味著指出這些轉型有哪些特定的差異性（尤其是歷史性如何以一種特定的模式被導入這三種實證性之中，因此，儘管這三種實證性與歷史都有明確的關係，但它們與歷史的關係不會是相同的）。

總之，在不同的考古學決裂之間存有重大差異──而且有時甚至存於緊鄰且有眾多關聯的論述形成之間。因此，對語言學科和歷史分析來說，讓十九世紀初期產生了歷史比較文法的巨大轉型，比歷史論述的變動早了半個世紀：這導致了包括語史學在內的實證性系統在十九世紀下半葉有了極大的更動，但是語史學的實證性並沒

有受到質疑。因此，「磚砌差距」（décalage en briques）的現象出現了，我們至少可以舉一個著名的例子：諸如我們可以在馬克思學說裡見到的剩餘價值或利潤率下降等概念，都能以李嘉圖使用的實證性系統為基礎來加以描述；然而，這些概念（它們都是全新的，但是其形成規則卻非如此）似乎—就馬克思的學說而言—同時屬於另一個完全不同的論述實踐：它們在此依據特定的法則而形成，它們在此占據了另一個位置，它們沒有出現在相同的連貫性裡；這個新的實證性不是李嘉圖分析的轉型；這不是新的政治經濟學；這是一種論述，其建立與某些經濟概念的衍生有關，但是它反過來又定義了經濟學家執行論述的條件，因而相當於政治經濟的理論與批判。

考古學破壞了斷裂的共時性，就像它分離了變遷和事件的抽象統一體一樣。時代（époque）並不是它的基本單位，也不是它的層面或對象：若考古學會談論時代，那永遠都是與確定的論述

實踐有關，而且是作為其分析的結果。古典時代經常在考古學分析中被提到，但它並非是將其統一體和空無形式強加於所有論述的時間形態；我們可以用這個名詞來形容連續性和不連續性、實證性的內在變動、出現與消失的論述形成等錯綜複雜的現象。同樣的，對考古學來說，決裂（rupture）不是其分析的基底，不是它從遠處指出的限制，它無法確定這個限制，也不能賦予這個限制一個特殊性：決裂是用來形容轉型的名詞，這些轉型涉及了一個或多個論述形成的一般體系。因此，法國大革命—因為迄今為止，所有的考古學分析都圍繞著它進行—並沒有發揮論述的外部事件這樣的作用，為了正確思考，我們必須發現它在所有論述中的劃分效應；法國大革命的運作就像一個複雜的、有關聯的、可描述的轉型集合體，這些轉型保留了若干實證性，並為其他的實證性確定了依舊被我們遵守的規則，還建立了剛剛在我們眼前瓦解或正在瓦解的實證性。

VI.
SCIENCE ET SAVOIR

科學與知識

　　所有之前的分析都已被強加上一個無聲的界線，但是我們沒有提出原則、甚至沒有詳細的勾勒。所有提及的例子無一例外都屬於一個非常有限的領域。我們離探索（我不會說弄清楚）論述的廣闊領域還很遠：為什麼系統性地忽略了「文學的」、「哲學的」或「政治的」文本？難道論述形成與實證性系統在這些區域裡都沒有一席之地嗎？既然要遵循單一的科學次序，為何要默默地忽略數學、物理或化學？為什麼要使用這

麼多不明確、尚未成形、可能注定要永遠停留在科學性閾值之下的學科？一言以蔽之，考古學與眾科學的分析，這兩者之間的關係是什麼？

a）實證性、學科、科學

　　第一個問題：考古學使用「論述形成」與「實證性」這樣有點奇怪的詞語，不就僅是在描述一些偽科學（例如精神病理學）、史前科學（例如自然史）、或是完全被意識形態滲透的科學（例如政治經濟學）嗎？它不就是只針對永遠近乎科學的（toujours quasi scientifique）事物所進行的分析嗎？若我們把陳述集合體稱為「學科」，這些陳述集合體向科學模型借用其組織，具有一致性和示範性的目的，並被當作科學般被接受、被制度化、被傳遞、有時則是被教授，那麼我們是否可以說考古學描述的學科實際上不是科學，而知識論可能描述的科學則可以在（或者無法在）現存學科的基礎上形成？

　　針對這些問題，我們給予的答案是否定的。考古學不描述學科。這些學科在其明顯的鋪陳中，至多可以作為描述實證性

的開端；但是它們無法確定實證性描述的諸多限制；它們不為它確立諸多明確的劃分；它們在分析結束之時已經與以前完全不同了；我們不能在已設立的學科和論述形成之間建立雙向單義的（bi-univoque）關係。

在此有一個這種失真的例子。《古典時代瘋狂史》關注的是十九世紀初期出現的精神病學學科。這門學科與我們在十八世紀醫學論文中找到的「頭部疾病」和「神經性疾病」的傳統章節相比之下，無論是內容、內部組織、醫學裡的地位、實踐功能或使用模式都不相同。然而，在研究這門新學科時，我們發現了兩件事：是什麼使它在出現時成為可能，是什麼決定了這個在經濟學中有關概念、分析和論證的巨大變遷，那就是住院、拘禁、社會排斥之條件與程序、法學規則、工業勞動規範、布爾喬亞階級道德之間的各種關係的作用，簡而言之，就是一整個形容此一論述實踐的陳述形成集合體；但是，此一實踐不僅表現在具有科學地位與意圖的學科中；我們也可以在司法文本、文學表達、哲學反思、政治決策、日常談話、各種意見中發現它的作用。這個能由精神病學學科標定其存在的論述形成並非是與該學科共同外延的（coextensif），絕對不是這樣：

這個論述形成遠遠超過精神病學學科，並從各方面將它包圍起來。但是，尤有甚者：當我們回溯過去，在十七與十八世紀尋找可能先於精神病學建立的事物時，我們會發現不存有任何的預備學科，因為古典時代的醫生對躁狂症、譫妄、憂鬱症、神經性疾病的說法，絕對無法構成一門自主學科，它們至多只是分析發燒、體液變異、腦部疾病時的一個項目。然而，儘管不存在任何已建立的學科，但還是有一種論述實踐在運作，它有自己的規律性和堅實性。這個論述實踐的確被投入醫學之中，但同樣也被投入行政規則、文學或哲學文本、決疑論、義務勞動、救濟窮人的理論或計畫裡。因此，在古典時代，我們有了一種完全可用來描述的論述形成和實證性，沒有任何我們能用來跟精神病學進行比較的確定學科可與此一論述形成和實證性相對應。

但是，如果實證性真的不是已建立之學科的單純同源異形詞（doublet），那它們會不會是未來科學的雛形？以論述形成之名義，我們指的難道不是各種科學對其自身過去的回顧性投射、是在這些科學之前且似乎是早已描繪出它們的那個事物的影子？例如被我們描述成財富分析或通用文法的那些事物，

在賦予它們一種可能是相當人為的自主性時，它們不就很單純是初始狀態的政治經濟學，或是建立嚴謹的語言科學的預備階段？考古學難道沒有透過其合理性應該是難以建立的逆向運動，試圖將所有分散且異質的要素再聚集成一個獨立的論述實踐，而這些要素的同謀關係對於建立一門科學是必要的？

對於這些問題，答案應該是否定的。被當作自然歷史來分析的事物並沒有將所有在十七和十八世紀可能具有生命科學雛形價值、可能出現在其合理系譜中的事物壓縮成單一形態。被如此揭示的實證性確實闡明了若干陳述，這些陳述涉及了生物之間的相似性及差異性、它們的可見結構、它們特定的和一般的特徵、它們可能的分類、將它們分開來的不連續性、將它們聯繫起來的過渡階段；但是，它忽略了其他許多同時代的分析，這些分析同樣勾勒了生物學的早期形態：例如反射動作的分析（這對建構神經系統的解剖—生理學來說非常重要）、病菌理論（似乎早於演化和遺傳的問題）、動物或植物生長的解釋（一般來說，這將成為有機體生理學的重大問題之一）。尤有甚者：自然歷史 —— 這是一種與符號理論、次序科學的計畫有關的分類學論述 —— 不但遠遠無法出現在未來的生物學之前，還透過

其穩固性及自主性來拒絕建構統一的生命科學。同樣的，被我們描述成通用文法的論述形成，根本無法闡明古典時代已闡述的所有關於語言的事物，但我們日後或許可以在語言學中找到這些事物的繼承或摒棄、發展或批判：因為論述形成放棄了聖經釋義學的方法，以及維柯或赫德（Herder）提出的這個語言哲學。因此，論述形成不是在未意識到自己就被悄悄建構之時的未來科學：事實上，相較於科學的直向演化，論述形成並不處於從屬目的論的狀態之中。

　　因此，我們是否必須說有實證性就不會有科學，而在可以發現實證性的地方，實證性則總是排除了科學？我們是否必須假設，實證性不存於科學的時間順序關係中，而是處於一種替代的境況裡？因此，在某種意義上，它們都是某種知識論缺陷的積極形態。但是，同樣在這種情況下，我們應該可以提出一個反例證。臨床醫學當然不是一門科學。這不僅是因為它在形式上不符合標準，而且沒有達到我們對物理學、化學或甚至生理學所期待的嚴謹層次；還因為它包含了一堆幾乎沒有組織的經驗觀察、初步的試驗和結果、藥方、治療處方、制度規則。然而，這種非科學（non-science）並不是排斥科學：十九世紀

時，它在生理學、化學或微生物學等完整建構的科學之間建立了明確的關係；尤有甚者，它還產生了諸如病理解剖學之類的論述，若認為這是偽科學，那就是自以為是了。

因此，我們不能將論述形成等同於科學、幾乎不具科學性的學科、從遠處勾勒未來科學的形態、或是一開始就排除所有科學性的形式。那麼，實證性和科學之間的關係為何？

b）知識

實證性無法用來形容認知的形式 —— 無論是先驗及必要的條件，或是反過來由歷史發揮作用的合理性形式。但是，實證性也沒有定義時間的某一特定時刻的認知狀態：它們沒有為自此刻起能被論證且取得最終成果之地位的事物做出總結，另一方面也沒有為毫無證據、亦無充分論證就被接受的事物做出總結，或是為那些被接受為共同信仰、或透過想像力取得的事物做出總結。分析實證性，就是在指出論述實踐可以根據哪些規則來形成對象群、聲明集合體、概念作用、理論選擇系列。如此形成的要素並不會構成一門具有明確理想性結構的科學；

它們的關係系統絕對沒有那麼嚴謹；但是，它們也不是來自經驗、傳統或各種異質發現、僅由持有它們之主體的同一性來相互連結的成堆認知。它們是建立一致（或不一致）的命題、發展或多或少精確的描述、進行驗證、展開理論等的依據。它們形成了被視作認知或幻象、公認的真理或被譴責的錯誤、最終的成果或被克服的障礙等事物運作的先決條件。我們清楚見到，分析這個先決條件不能像分析既定事物、實際經驗、所有出現在想像力或感知中的事物那樣，人類在其整個歷史中必須以合理性的形式重新研究這些事物，或者每一個體若想要發現其中包含或隱藏的理想性意義，就應該為自己而去經歷這些事物。這裡指的不是從立即認知移向必然性（apodicticité）的前認知（préconnaissance）或早期階段；這裡指的是必須由論述實踐來形成才有可能建構科學論述的要素，這種論述不僅可由其形式和嚴謹性來詳加說明，也可由它處理的對象、利用的聲明類型、操作的概念、使用的策略來詳加說明。我們不會將科學和我們過去必須經歷或現在應該經歷的一切連結起來，以便科學自己的理想性意圖得以建立；而是要連結那些過去應該說出──或是現在應該說出──的事物，才能讓一種在必要時可

回應科學性的實驗標準或形式標準的論述存在。

　　這個諸要素的集合體由論述實踐以規律的方式形成，對一門科學的建構而言是不可或缺的，儘管它們不一定會產生科學，但我們可以稱之為知識（savoir）。知識，就是我們可以在被詳述的論述實踐中談論的東西：這是由不同對象構成的領域，這些對象將會或者不會取得科學的地位（在十九世紀，精神病學的知識不是我們曾信以為真之事物的總和，而是我們可以在精神病學論述中談論的行為、獨特性、偏差等集合體）；知識也是一個空間，在這個空間裡，主體可以採取立場，以便談論它在自身論述中所處理的對象（在這個意義上，臨床醫學的知識就是醫學論述主體可以執行的觀察、詢問、辨讀、紀錄、決策等功能的集合體）；知識也是陳述的配位與從屬場域，概念在此出現、被定義、被應用和被轉型（在這個層次上，十八世紀的自然歷史知識並非已說之事物的總和，而是模式和場址的集合體，我們可以根據這些模式和場址，將所有新的陳述整合進已說之中）；最後，知識是由論述提供的使用與適應之可能性來定義（因此，古典時代的政治經濟學知識並非各種經過答辯之論文的論題，而是針對其他論述或其他非論述實踐的諸

表達點的集合體）。有些知識獨立於各科學之外（這些知識既非各科學的歷史雛形，也不是實際的反面），但是，沒有什麼知識是不具備明確論述實踐的；所有的論述實踐都可以由它所形成的知識來定義。

考古學貫穿的不是意識－認知－科學（conscience-connaissance-science）的軸線（這條軸線無法擺脫主觀性指標），而是論述實踐－知識－科學（pratique discursive-savoir-science）這條軸線。當觀念史在認知要素中找到自己分析的平衡點時（因此，儘管不願意，但也被迫要接受先驗的質詢），考古學則在知識中找到自己分析的平衡點——也就是說，在主體必須被定位且依附於其中的領域裡，它永遠不能以持有者的姿態出現（無論是作為先驗活動，或是作為經驗意識）。

在這些境況下，我們知道應該要仔細區分科學領域（domaine scientifique）和考古學區域（territoire archéologique）：它們的劃分和組織原則是完全不同的。只有遵循某些建構法則的命題才屬於科學性的領域；有相同意義、訴說相同事物、與它們同樣真實但不屬於同一系統性的斷言可能會被排除在這個領域之外：關於物種發展的論述，《達朗貝爾之夢》（*Le*

Rêve de d'Alembert）非常能體現當時的某些概念和科學假設；它甚至很有可能早於未來的真理；它不屬於自然歷史的科學性領域，而是相反地隸屬它的考古學區域──如果我們至少可以在此發現發揮作用的形成規則與林奈、布豐、多本頓或朱西厄提出的形成規則是相同的話。考古學區域可以像貫穿科學的文本那樣，貫穿「文學的」、「哲學的」文本。知識不僅被投入論證之中，它也可以被投入小說、反思、記述、制度規章、政治決策裡。自然歷史的考古學區域包括了《哲學回顧》（*Palingénésie philosophique*）或《特雷阿米德》（*Telliamed*），儘管它們在很大程度上不符合當時公認的科學規範，當然就更別提那些稍後所要求的規範了。通用文法的考古學區域包含了法伯爾·德·奧利維（Fabre d'Olivet）的幻想（這些幻想從未獲得科學地位，而是被歸類成神祕思想），並不會比屬性命題（proposition attributive）的分析還要少（這種分析因有憑有據而被接受，且生成文法〔la grammaire générative〕今日可在其中認出它所預示的真理）。

論述實踐與它可能產生的科學研擬並不一致；而論述實踐形成的知識並非是一門已建構之科學的粗略雛形，也不是它的

日常副產品。科學——目前不管自稱具科學性或真的有科學性地位的論述，和確實呈現出科學性之形式標準的論述這兩者之間的差異——它出現在論述形成的要素裡，並以知識為基礎。這開啟了兩個系列的問題：科學性範圍在它勾勒的考古學區域中，可能占據的位置和作用是什麼？在一個既定論述形成中，科學性範圍的出現是根據什麼次序和過程而實現的？對於這些問題，我們目前尚無法給予答案：我們只是在指出或許可以往哪個方向去分析它們。

c）知識和意識形態

　　一門科學一旦構成，就不會將所有形成讓科學在其中呈現的論述實踐的事物，重歸於其名下和它特有的連貫性之中；它也不會——為了用這個知識來對照錯誤、偏見或想像的史前史——讓圍繞在它周圍的知識消失。病理解剖學沒有簡化臨床的實證性並將它重新導向科學性的規範。知識不是這個會在實現它的科學裡消失的知識論場所。科學（或是如此呈現的事物）位於知識場域中，並在此發揮作用。這個作用會依不同的

論述形成而變化，並隨其變動而修改。在古典時代，精神疾病的醫學知識在瘋狂的知識中占據的位置非常有限：因為它只不過是構成這種知識的外顯表層之一而已，還有許多其他的表層（法學、決疑論、治安條例等等）；另一方面，十九世紀的精神病理學分析雖然也曾是精神疾病的一種科學認知，但是在有關瘋狂的知識中，它發揮了極為不同且更為重要的作用（模型和決策審斷的作用）。同樣的，科學（或假定是科學的）論述並沒有在十七和十九世紀的經濟學知識中發揮相同的作用。在所有的論述形成中，我們都能發現科學和知識之間有某種特定的關係；而考古學分析並不是要在它們之間定義一個排除或縮減的關係（透過尋找那些躲避知識並抵抗科學的事物、那些屬於科學卻因與知識毗鄰並受其影響而有所危損的事物），而是應該要積極指出一門科學如何被列入知識要素並在其中發揮作用。

意識形態與科學的關係應該就是在這個作用空間裡被建立與確定的。意識形態對科學論述的作用以及科學的意識形態運作，都沒有被表達在它們理想的結構層次上（即使它們可以在此以一種或多或少可見的方式被表示出來）、或是在它們於社

會中的技術使用層次上（儘管這能在社會中發生作用）、或是在建構它的主體意識層次上；它們被表達在知識映襯出科學的地方。如果我們可以向科學提出意識形態的問題，那是因為科學不被視同為知識，但也沒有抹去或排除知識，而是置身於知識之中、建構它的某些對象、將它的某些聲明予以系統化、將它的一些概念和策略加以形式化；那是因為這種闡述一方面強調、修改並重新分配知識，另一方面予以確認並使之有效；那是因為科學在論述規律性中找到了自己的位置，並由此在整個論述或非論述實踐場域中展開與運作。簡而言之，向科學提出的意識形態問題，並不是科學以一種或多或少有意識的方式反映出來的境況或實踐問題；也不是可能使用或可能濫用科學的問題；這是科學作為論述實踐之存在、它在其他實踐中運作的問題。

我們大致上可以說，而且是透過超越所有媒介和所有特殊性的方式說，政治經濟學在資本主義社會中是有某種作用的，它為布爾喬亞階級的利益而服務，它被布爾喬亞階級所創造，也為了布爾喬亞階級而創造，它甚至帶有布爾喬亞階級的起源、乃至於它的概念與邏輯結構的烙印；但是，所有關於經濟

學的知識論結構及其意識形態功能之間更為精確的關係描述，都必須經過產生了這個經濟學的論述形成的分析，以及所有它闡述與系統化的對象、概念、理論選擇的分析；而且我們還應該指出，產生這種實證性的論述實踐如何在其他可能是論述性、政治性或經濟性的實踐中運作。

這使得我們能夠提出一些命題：

1. 意識形態不排除科學性。只有極少數的論述才會如此重視意識形態，例如臨床論述或政治經濟論述：因此，這個理由還不足以將其陳述的集合體指為是錯誤的、矛盾的、缺乏客觀性的。

2. 理論的矛盾、空隙、缺陷非常能夠指出一門科學（或是具科學意圖之論述）的意識形態運作；它們可以用來確定這個運作會在結構的哪一個點上產生效果。但是，對這個運作的分析必須在實證性、形成規則與科學性結構之關係的層次上進行。

3. 論述在自我修改、糾正其錯誤、加強其形式化時，不會因此就一定能釐清它與意識形態的關係。意識形態的作用也不會隨著嚴謹性的增加和錯誤的消失而減弱。

4. 研究一門科學的意識形態運作，以便彰顯並修改這個運作，這不是要揭示可能存於其中的哲學預設；這不是要重返使科學成為可能且將它合理化的基礎：這是要把它當作論述形成來質疑；這不是要研究其命題的形式矛盾，而是要研究其對象、聲明類型、概念、理論選擇的形成系統。這是重新將它視為其他實踐中的一種。

d）不同的閾值及其時間順序

針對一種論述形成，我們可以描述多個不同的出現。自論述實踐個別化並具有自主性的那一刻起，因而就是單一且相同的陳述形成系統發生作用之際，或是此一系統產生轉型的

時刻，我們就可以稱之為實證性的閾值（seuil de positivité）。當陳述集合體在論述形成的作用中被勾勒出來，聲稱（即使沒有成功）能讓驗證和一致性的規範生效，而且它對知識發揮了一種主導性的功能（模型、批判或驗證的功能）時，我們就可以說論述形成跨越了某種知識論化的閾值（seuil d'épistémologisation）。當如此勾勒的知識論形態遵循若干形式標準，當它的陳述不僅回應了形成的考古學規則，還回應了某些命題的建構法則時，我們就可以說它超越了一種科學性的閾值（seuil de scientificité）。最後，當此一科學論述反過來可以定義它所需的公理、它使用的要素、對它來說合理的命題結構及其接受的轉型，當它因而可以從自身來展開它建構的形式結構時，我們就可以說它超越了形式化的閾值（seuil de la formalisation）。

這些不同閾值在時間中的分布、它們的接續性、差距、可能的巧合、它們可能相互支配或包含的方式、它們依次被建立的條件，這些對考古學來說都構成了其主要的探索領域之一。事實上，它們的時間順序並不規律，也不同質。並非所有的論述形成都以相同的步調、在相同的時間超越它們，從而將

人類認知的歷史劃分成不同的年代：在許多實證性已經超越了形式化的閾值的時代，許多其他的實證性都尚未達到科學性的閾值、甚至未達到知識論化的閾值。尤有甚者：每一個論述形成都不會像連續經歷生物成熟的自然階段那樣，連續經歷這些不同的閾值，而在生物成熟的自然階段裡，唯一的變項應該是潛伏期或間隔期。事實上，這涉及了一些事件，這些事件的分散性不是會演化的：它們的獨特次序是每一論述形成的特徵之一。以下是這些差異的幾個例子。

在某些情況下，實證性的閾值比知識論的閾值更早就被超越了：因此，精神病理學作為一種自認科學的論述，在十九世紀初就被皮內爾、海因洛特、艾斯奎羅將論述實踐予以知識論化了，這個論述實踐早在精神病理學之前就存在了，而且早已具備自主性和規律性系統。但是這兩個閾值也有可能在時間中被混淆，確立實證性的同時也出現了某種知識論形態。有時候，科學性的各種閾值會在從一個實證性過渡到另一個實證性的時候被連結起來；有時它們又與實證性不同；因此，從自然歷史（連同它特有的科學性）到生物學（作為一門不是生物分類、而是不同有機體之特定相關性的科學），這個歷程若沒有

從一種實證性轉型成另一種實證性，就不會在居維葉的時代發生；另一方面，克勞德‧貝爾納（Claude Bernard）的實驗醫學以及隨後巴斯德（Pasteur）的微生物學都改變了解剖學和病理生理學取得的科學性類型，而且在那個時代建立起來的臨床醫學論述形成並沒有被排除在外。同樣的，進化論在生物學學科中建立的新科學性並沒有改變居維葉時代定義的生物學實證性。在經濟學方面，這樣的脫離現象特別多。我們之所以能在十七世紀認出實證性的閾值，那是因為它與重商主義的實踐及理論大致相符；但是它的知識論化卻要稍後才會跟著洛克和坎蒂隆，在世紀末或是下一個世紀初發生。然而，隨著李嘉圖的出現，十九世紀標誌著一種新的實證性類型，一種知識論化的新形式，古諾（Cournot）和傑文斯後來加以修改，而同時代的馬克思則以政治經濟學為基礎，帶來一種全新的論述實踐。

在科學中，我們只能承認真理的線性併合或理性的直向演化，而無法承認一種有其層次、閾值、不同決裂的論述實踐，我們只能描述一種單一的歷史劃分，在整個漫長的時間裡，我們不斷延續這個歷史劃分模型，而且這對任何知識形式皆是如此：這是尚不具科學性的事物與最終具備科學性的事物之間的

劃分。脫離現象的整個厚度、決裂的所有分散、其效應的所有差距、其相互依存的作用，這些都被簡化為一個必須不斷重複的、單調的基本行為。

　　大概只有一門科學會讓我們無法區分這些不同的閾值，或是無法描述它們之間有這樣一個差距的集合體：那就是數學，這是唯一突然超越了實證性閾值、知識論化閾值、科學性閾值與形式化閾值的論述實踐。數學存在的可能性本身就意味著在整個歷史中一直保持分散的事物，在一開始就既定了：因為它們最初的實證性構成了一種已經形式化的論述實踐（即使隨後應該還有其他的形式化要進行）。因此產生了一個事實，那就是它們的建立既如此神祕（幾乎無法分析，非常受限於絕對開始的形式），又如此有價值（因為它同時具有起源與基礎的價值）；那就是在第一位數學家的第一個動作中，我們已經見到一種理想性的建構，這種建構在整個歷史中展開，而且只是為了被重複和被淨化就遭到質疑；那就是數學的開端比較不會被當作歷史事件來探討，而是會被當作歷史性的原則；最後，那就是對所有其他科學來說，我們會將對它們的歷史起源、對它們的探索與失敗、對它們遲緩的突破等描述，連結到從測量的

普通實踐中突然且斷然出現的幾何學的後設歷史模型（modèle méta-historique）。但是，把數學論述的建立當作所有其他科學誕生與發展的原型，我們就有可能將歷史性的所有特殊形式予以同質化，就有可能將某一論述實踐能超越的所有不同閾值重新帶向唯一一種斷裂的審斷，並無時無刻不斷重提起源的問題：因此，歷史—先驗分析的權利可能會被延續。對大部分致力於形式嚴謹性和示範性的科學論述來說，數學無疑就是模型；但是對於質疑科學有效發展的歷史學家而言，數學是糟糕的範例──是一個我們無論如何都不能推廣的例子。

e）科學史的不同類型

我們可以標定的多個閾值能讓歷史分析產生不同的形式。首先是在形式化層次上的分析：各種數學在其自身的研擬過程中不斷講述的，正是它們自己的這個歷史。在某一既定時刻中的各種數學（其領域、方法、定義的對象、使用的語言）從未被丟進非科學的外部場域；但是會在它們建構的形式結構中不斷被重新定義（哪怕只是作為廢棄不用或暫時無結果的區

域）；這個經歷就像是一個特殊案例、一個樸實模型，或是一個更抽象、更有力或更高層次之理論的部分且不夠普遍的草圖；關於它們真正的歷史路線，各種數學將它重新轉錄為鄰近、依存、從屬、逐漸形式化、被掩飾的普遍性等詞彙。對各種數學的這個歷史來說（它們構成的歷史，以及它們講述自身的歷史），丟番圖（Diophante）的代數並非是一個懸而未決的經驗；這是自阿貝爾（Abel）和伽羅瓦（Galois）以來，我們所知的一個代數特例；希臘式的窮盡分析方法並非是一個必須改道的死胡同；這是一個積分的樸實模型。每一個歷史波折在形式上都有自己的層次和位置。這是一種復現分析（analyse récurrentielle），只能在一門已建構的科學內部進行，而且是在其形式化的閾值已被跨越的情況下[*]。

　　另一個是歷史分析，它位於科學性的閾值上，並質疑它可能在各種知識論形態的基礎上被超越的方式。例如，要知道一

---

[*]　　關於此一主題，參見米榭・塞荷（Michel Serres），〈數學回溯〉（Les Anamnèses mathématiques），in《赫耳墨斯或通訊》（Hermès ou la communication），頁78。

個概念——依舊充滿隱喻或想像的內容——如何被淨化且能取得科學性概念的地位和功能。要知道一個已經被標定、被部分闡明、但仍被立即的實際使用或有效的價值提升所貫穿的經驗區域，如何能被建構成一個科學性領域。更普遍來說，要知道一門科學如何建立在前科學的層次之上並與之相對，這個前科學層次既為它做了準備，又預先與之對抗，還要知道一門科學如何能克服也與之相抗的障礙和限制。巴修拉和康居朗已經提出這個歷史的模型。作為循環分析，這個歷史不需要處於科學本身之內，不需要將所有的情節重新置於它構成的結構裡，不需要使用今日屬於它的形式詞彙來講述它的形式化；再說，它怎麼可能這樣？畢竟它指出科學超越了什麼，以及所有它為了達到科學性的閾值而必須拋棄的一切。有鑑於這個事實，這種描述是以被建構的科學為規範；它所講述的歷史必然會被真理和錯誤、理性與非理性、障礙與多產、純潔與不純潔、科學與非科學的對立所強調。這是一部科學的知識論歷史（histoire épistémologique）。

第三種歷史分析類型：這種分析以知識論化的閾值作為探究點——這是實證性定義的論述形成，和不一定是科學（總

之就是可能永遠不會成為科學）的知識論形態這兩者之間的劃分點。就此層次而言，科學性並沒有作為規範：因為在這個考古學歷史（histoire archéologique）中，我們試著揭示的是各種論述實踐，因為這些論述實踐產生了一種知識，而且這種知識取得了科學的地位和作用。在這個層次上研究科學史，並不是在不考慮知識論結構的情況下描述論述形成；而是要指出一門科學的建立以及或許還有它的形式化過程，如何能在論述形成與其實證性的修改中，找到它的可能性與影響。因此，對這樣一個分析來說，問題在於從論述實踐的描述來剖析科學史；確定科學史是根據什麼樣的規律性和修改，才能讓位給知識論化的過程、達到科學性的規範、或許也能達到形式化的閾值。在科學史的厚度中研究論述實踐的層次時，我們並不想把它帶回到一個深沉且原始的層次，我們不想把它帶回到真實經驗的基礎上（帶回到這個在幾何學出現之前、不規則且支離破碎的地方，帶回到這片穿過所有天文學的分區控管而閃耀發光的天空）；我們想要的是在實證性、知識、知識論形態和科學之間，彰顯所有的差異、關係、間距、差距、獨立性、自主性的整個作用，以及它們各自的歷史性相互連結的方式。

在論述形成、實證性、知識與知識論形態及科學之間的關係中，去分析論述形成、實證性和知識，這就是我們所謂的知識形態（épistémè）的分析，可以用來區分它和科學史的其他可能形式。我們也許會猜想這種知識形態類似於一種世界觀，類似於所有認知共有的一段歷史，且這段歷史會給每一種認知強加相同的規範和相同的公設，這種知識形態也類似於一種理性的普遍階段、某一時代的人無法擺脫的某種思想結構——是匿名者斷然寫下的重要律法。事實上，知識形態指的是能在一個既定時代裡將各種論述實踐匯集起來的關係集合體，這些論述實踐產生了知識論形態、科學、可能還有被形式化的系統；指的是一種模式，根據這個模式，過渡到知識論化、科學性、形式化的過程會處於每一個這些論述形成之內並在其中運作；指的是可能同時發生、相互從屬、或是在時間中拉開距離的這些閾值的分配；指的是可能存於諸知識論形態或諸科學之間的各種橫向關係，只要這些形態或科學屬於相鄰但不同的論述實踐。知識形態不是一種認知形式或是一種合理性的類型，這種合理性類型貫穿了最多樣的科學，顯示出一個主體、一個精神或一個時代的至高統一體；知識形態是一個關係集合體，當我

們在論述規律性的層次分析諸科學時，我們可以在一個既定時代的諸科學之間發現這個關係集合體。

因此，知識形態的描述呈現出多個基本特徵：它開啟了一個取之不竭的場域，而且永遠不會關閉；它的目的不是重建在某一個時代裡所有認知都會遵循的公設系統，而是要涵蓋一個諸關係的不確定領域。再者，知識形態也不是一個某日出現、又可能突然被消失的靜止形態：它是由被建立又被拆開的斷節（scansion）、差距、巧合所組成的集合體，這個集合體是不斷變動的。此外，知識形態作為科學、知識論形態、實證性和論述實踐之關係的集合體，能讓我們掌握在既定時刻強加於論述的約束和侷限性的作用：但是此一侷限性並不是用來對照認知與無知、推論與想像，實際經驗與忠於表象、幻想與推理和演繹的消極侷限性；有鑑於技術不足、心智習慣或是傳統設定的界線，知識形態不是我們在某一個時代裡就能懂的事物；知識形態是在論述實踐的實證性中，讓知識論形態和科學存在成為可能的事物。總之，我們見到知識形態的分析並不是一種重新提出關鍵問題的方法（「像一門既定科學那樣，它的正當性或合理性是什麼？」）：這是一種提問，只有在為了研究對這

門科學來說什麼是既定的事物時,才會接受科學的已知事實。在科學論述的謎團中,它使用的不是它成為科學的權利,而是它存在的事實。而它與所有的認知哲學有所區分之處,就是它沒有將此一事實連結到某種原初餽贈的審斷 —— 這個審斷在一個先驗主體中可能建立了事實和正當性 —— 而是連結到一種歷史實踐的過程。

f) 其他類型的考古學

有一個問題仍懸而未決:我們是否能設想一種考古學分析,它能彰顯某種知識的規律性,但不會企圖朝知識論形態和科學的方向來分析?知識形態取向是唯一能通向考古學的方向嗎?考古學應該是 —— 而且是唯一的 —— 某種探究科學史的方式嗎?換句話說,考古學迄今都將自己限制在科學論述的區域裡,它是否遵循了一種它無法超越的必然性 —— 或者它是否根據某個特例,勾畫出可能具有另一種完全不同的外延的分析形式?

目前,對於明確回答這個問題,我還沒有多少進展。但

是我很願意想像 —— 當然還必須進行諸多驗證和摸索 —— 各種朝不同方向發展的考古學。以「性」的考古學描述為例。我現在清楚見到，我們如何將它導向知識形態：我們可能會指出在十九世紀，生物學或性心理學等知識論形態會以哪些方式形成；一個科學類型的論述會透過什麼樣的決裂，隨著佛洛伊德的出現而建立。但我也察覺到另一種分析的可能性：與其研究一個既定時代裡的人類性行為（在一個社會結構、一種集體無意識或某種道德態度中尋找其法則），與其描述人類對性的想法（他們對它做出什麼樣的宗教詮釋、他們給它什麼樣的褒貶、它可能引起哪些意見或道德上的衝突），我們倒不如詰問整個論述實踐是否被投入這些行為和這些表述裡；除了科學論述的發展取向之外，性是不是我們可以談論（或是禁止談論）的一個對象集合體、一個可能的陳述場域（無論是抒情的表達或是司法的規定）、一個概念集合體（大概能以觀念或主題的基本形式被呈現）、一種選擇的作用（可以出現在行為的一致性或規定的系統之中）。如果這種考古學成功完成任務的話，就能指出禁止、排除、限制、褒獎、自由、性的逾越、它所有無論是否為口頭的表現如何與一個確定的論述實踐相連結。它

會讓某種「談論的方式」出現，但當然不是作為性的終極真理，而是作為我們能據以描述之的維度之一；我們應該能指出這種談論的方式如何被投入一個禁止和價值的系統之中，而不是被投入科學論述裡。因此，這種分析不會往知識形態的方向進行，而是往我們所謂的倫理學方向進行。

但是，這裡有另一個可能方向的例子。為了分析一幅畫，我們可以重建畫家的潛在論述；我們可能想要重新發現其意圖的喃喃低語，這些意圖最終並未被轉錄成字詞，而是成為線條、表層和色彩；我們可以試著釐清這個被視作形成其世界觀的隱蔽哲學。我們也有可能探究科學，或至少是探究當時的看法，並力圖認出畫家可能向它們借鏡的事物。考古學分析可能還有另一個目的：它會尋找空間、距離、深度、色彩、光線、比例、體積、輪廓在當時是否會在某個論述實踐中被考慮、指定、陳述、概念化；尋找此一論述實踐產生的知識是否或許沒有被投入理論和思辨、教學形式和方法之中，也沒有被投入程序、技術、甚至是畫家本身的動作裡。問題不在於指出繪畫是某種表示或「說出」的方式，其特殊性在於它無須藉助字詞。我們必須指出繪畫至少在其某一維度中，是一種在技術和效果

上都能具體化的論述實踐。被如此描述的繪畫不是一種隨後必須被轉錄為空間物質性的純粹視覺；它也不是一種必須用後來的詮釋去闡述其沉默且無比空洞之含義的赤裸裸動作。繪畫——獨立於科學認知和哲學主題——完全被知識的實證性所貫穿。

我認為，我們也可以針對政治知識進行同一類型的分析。我們可以試著研究一個社會、一個團體或一個階級的政治行為是否沒有被一種確定且可描述的論述實踐所貫穿。此一實證性顯然與當時的政治理論和經濟決定因素都不相符：因為它定義了什麼可以從政治成為聲明的對象、此一聲明可能採取的形式、在這個聲明中使用的概念、在其中操作的策略選擇。針對此一知識進行分析——這一直都是有可能的——時，與其從它可能產生的知識形態去進行，不如從行為、鬥爭、衝突、決策和方針去進行。如此，我們就可以彰顯這樣一種政治知識，它不屬於實踐的二度理論化，也不是理論的應用。由於它是由一種論述實踐有規律地形成的，而這種論述實踐是在其他實踐中展開並以這些其他實踐來表達的，因此它並不是以或多或少適當的方式「反映」若干「客觀數據」或真實實踐的一種表達。

它一開始就處於不同實踐的場域裡，在此，它可以同時找到自己的規範、功能、依存關係的網絡。如果這種描述是可能的，那麼我們就會看到，我們無須透過個體或集體意識的審斷來掌握實踐與政治理論的連結位置；無須尋求此一意識在多大程度上，一方面可以表達無聲的條件，另一方面可以表現出對理論真理的敏感度；我們不需要提出覺醒的心理學問題；我們需要的是分析知識的形成和轉型。例如，問題不在於確定革命意識是什麼時候開始出現的，也不在於確定經濟條件和理論闡釋的工作在此一意識的生成中，各自發揮了什麼作用；問題不在於描述革命者的一般型傳記與典範型傳記，或是要發現其計畫的根源；而是要指出論述實踐和革命知識是如何形成的，此一實踐和知識被投入行為與策略之中，產生了一個社會的理論，並相互影響與彼此轉型。

關於我們剛剛提出的問題：考古學只關注科學嗎？它永遠只是科學論述的一種分析嗎？現在我們可以回答了，而且答案都是否定的。考古學試圖描述的不是在其特定結構中的科學，而是非常不同的知識領域。再者，如果考古學關注的是在知識與知識論形態及科學之關係裡的知識，那麼它也可以從不同的

方向來探究知識，並在另一堆關係中來描述知識。迄今為止，知識形態取向是唯一的探索途徑。原因是論述形成因某種可能用來形容我們文化的梯度，而不斷地被知識論化。正是在探究各種科學、它們的歷史、奇特的統一體、它們的分散和決裂時，實證性的領域才得以出現；正是在科學論述的縫隙中，我們得以掌握論述形成的作用。不意外的是，在這些條件下，最豐碩、最能擁抱考古學描述的就是這個「古典時代」，因為有許多實證性的知識論化都是從文藝復興時期到十九世紀之間展開的；論述形成和知識的特殊規律性顯現在最難以達到的科學性與形式化的層次上，也就不足為奇了。但這裡只是著手研究的優先點；對考古學來說，這不是必要的領域。

V.

結論

———— · ————

　　您在整本書中，曾盡量試著與「結構主義」或是我們通常對這個字詞所理解的事物保持距離。您強調您沒有使用結構主義的方法和概念；您沒有參考語言學描述的程序；您完全不關心形式化。但是這些差異意味著什麼？是不是您無法成功使用結構分析中可能存在的實證部分、這些分析可能包含的嚴謹性和論證有效性？是不是您試著處理的領域是對此類研究的反抗，而且這類研究的豐富性不斷從您想要圈圍的模式中逃脫？您恣意將您在方法上的無能為力偽裝起來；現在您將這個無法克服的距離當作一個明確規定的差異來向我們介紹，這個無法克服的距離讓您始終與真正的結構分析分開。

　　因為您沒有能夠愚弄我們。的確，在您未使用的方法所留下的空白中，您已經拋出一整個系列的觀念，這些觀念似乎與那些描述語言或神話、文學作品或故事的人現在所接受的概念不同；您提到了形成、實證性、知識、論述實踐：您引以為傲

的就是這一整套的詞語，您無時無刻都在強調其獨特性與奇妙的力量。但是，如果您沒有在對這些詞語而言不可化約的領域中，強調結構主義的某些基本主題——以及結構主義中那些建構了最有爭議之公設、最令人質疑之哲學的基本主題，您是否會發明這麼多奇怪的事物？這一切就像是您保留了當代的分析方法，這不是全憑經驗且嚴肅的研究，而是研究兩個或三個比較像是當代分析的推論而非必要原則的主題。

因此，您想要縮減論述本身的維度，忽略它特有的不規則性，隱藏它可能包含的創舉和自由，補償它在語言中建立的不平衡性：您想要重新關閉這個開口。您以某些語言學的形式為榜樣，試圖略過說話主體；您相信我們可以讓論述脫離它所有的人類學參照，之後再來研究它，就好像它從未被明確表達、就好像它不是在特定情勢下產生的、就好像它沒有被表述貫穿、就好像它不針對任何人一樣。總之，您將同時性原則應用到論述身上：您拒絕理解論述可能和語言不同，它本質上是歷史的，它不是由可使用的要素構成的，而是由真實且接續的事件組成的，但我們無法在論述展開的時間之外分析這些事件。

您說得對：我不承認論述的先驗性；我在描述它的時候，拒絕用它參照主觀性；我一開始就沒有強調它的歷時性特徵，彷彿它應該就是論述的一般形式。但是，這一切並不是為了在語言領域之外延續已在語言領域中驗證過的概念和方法。如果我談到論述，這不是為了指出語言的機制或過程被完整保存在語言中；而是為了在口頭表現的厚度裡彰顯分析的可能層次的多樣性；為了指出除了語言結構的方法（或詮釋的方法），我們還可以建立陳述、陳述形成、論述特有之規律性的特定描述。如果我暫停參照說話主體，這不是為了發現被所有的說話主體以相同方式應用的建構法則或形式，不是為了讓某一時代的所有人共有的大量普遍論述開口。相反的，這是要指出差異為何，以及人們如何能在同一論述實踐內談論不同的對象、擁有相反的意見、做出相互矛盾的選擇；這也是為了指出論述實踐在哪方面會彼此不同；簡而言之，我想要的不是排除主體的問題，我想要的是定義主體可能在論述多樣性中占據的位置和功能。最後，您可以見到：我沒有否定歷史，我暫時擱置的是

變遷的一般且空洞的範疇，為的是彰顯不同層次的轉型；我拒絕時間化（temporalisation）的一成不變模型，為的是描述每一論述實踐的併合、排除、重新啟動的規則，還有它特有的衍生形式、不同接續性的特定連結模式。

因此，我不想將結構主義的研究重新導向其合理限制之外。而且您很容易就能還我這個公道，那就是我完全沒有在《詞與物》中使用跟結構有關的詞語。但是，如果您願意，讓我們將有關「結構主義」的論戰擱在一旁；這些論戰難以存於現在已被眾研究者棄置的區域中；這場原本多采多姿的爭鬥，如今只能由滑稽演員和流浪藝人繼續上演。

———— · ————

您想要迴避這些論戰，這是白費心機的，您不可能逃避這個問題。因為，我們針對的不是結構主義。我們願意承認它的準確性和有效性：當涉及的是分析語言、神話、民間故事、詩歌、夢、文學作品、或許還有電影時，結構主義描述彰顯出一些若沒有它就無法被分離出來的關係；它讓我們能定義反覆出

現的要素，以及它們的對立形式和個別化的標準；它也讓我們能建立建構法則、等價性、轉型規則。儘管一開始有些遲疑，但我們現在毫不費力地同意人類的語言、潛意識和想像力都遵循了結構的法則。然而我們嚴正拒絕的是您的所做所為：那就是我們可以在科學論述的接續性上去分析科學論述，而無須將它們參照到某種建構活動之類的事物，不需要在科學論述的猶豫不決中去確認原始計畫或基本目的論的開端，不需要發現將它們連結在一起、將它們導向我們可以再次掌握它們之處的深刻連續性；也就是說，我們因而可以釐清理性的發展，讓思想史擺脫所有的主觀性指標。讓我們縮小辯論範圍：我們承認可以就建構要素和規則來談論一般語言──談論這種來自他處及往昔的神話的語言，或是儘管有點陌生但來自我們潛意識或作品的語言；但是我們知識的語言，這個我們此時此地使用的語言、這個能讓我們在其歷史厚度中分析許多其他語言的結構性論述本身，我們認為是不可簡化的。您也不能忘記，正是從這個論述、從它緩慢的起源、從使它成為今日狀態的模糊發展開始，我們才能用結構的詞語來談其他論述；正是它給了我們這種談論其他論述的可能性和權利；它形成了一個盲點，我們周

圍的事物都是從這個盲點開始部署起來的，就像我們今日見到的那樣。當我們分析印歐傳說或拉辛（Racine）的悲劇時，我們處理的是要素、關係與不連續性，我們很樂意這麼做；我們盡可能不探究說話主體，這我們也可接受；但我們懷疑是否可以依據這些成功的嘗試來回溯分析，回到使這些嘗試成為可能的論述形式，並對我們今日發言的出發點本身提出質疑。這些分析不具主觀性，其歷史保留了它自身的先驗性。

———— · ————

在我看來，事實上，這就是辯論和您對抗的重點（而且比起結構主義老調重彈的問題更是如此）。請允許我告訴您，我如何理解您剛才的論述，但這當然是出於玩笑，因為您知道的，我沒有特別偏好的詮釋。「當然，」您會悄悄地說，「儘管我們竭力最後一搏，但我們從今以後就不得不接受將演繹論述予以形式化；當然，我們必須忍受我們寧可描述哲學系統的架構，而不是描述靈魂的歷史、存在的計畫；當然，而且無論我們怎麼想，我們都必須忍受這些將文學作品和語言結構聯繫

起來、而非和個體的真實經驗聯繫起來的分析。當然，我們必須放棄所有這些我們往昔歸類為意識主權的論述。但是，我們非常想要以間接的方式，透過分析所有的這些分析，或至少透過對它們提出的基本詰問，來挽回這半個多世紀來我們所失去的一切。我們將詢問這些分析的來處、在它們沒有意識到的情況下貫穿它們的歷史目的是什麼、什麼樣的天真使它們無視於讓它們成為可能的條件、它們的初步實證主義被封閉在什麼樣的形而上學圍籬內。因此，就像我們相信且確定的那樣，潛意識並非意識的隱含邊緣，而且這終究是無關緊要的；神話不再是一種世界觀，小說不再是真實經驗的外在部分，但這也是無關緊要的；因為，建立所有這些新『真理』的理性，這個理性是我們高度關注的對象：無論是這個理性、它的過去、使它成為可能的事物、還是使它成為我們的理性的事物，都無法逃脫先驗性的指定。現在，我們正是要對它——而且我們決定永不放棄之——提出起源、初次建構、目的論層面、時間連續性的問題。我們正是要將這個今日已被我們接受的思想保留在歷史—先驗的領域裡。這就是為何如果我們真的很無奈地必須忍受所有的結構主義，我們就不會同意觸及這個屬於我們自己歷

史的思想史；我們不會同意解決所有自十九世紀以來就將它與起源和主觀性的問題再連結起來的這些先驗線索。那些接近這座我們棲身避難且想牢牢抓住的堡壘的人，我們要以制止褻瀆的姿態重申：別觸犯（*Noli tangere*）」。

然而，我會堅持繼續下去。並不是因為我勝券在握，也不是對我的武器有信心。而是因為在我看來，目前最重要的就是讓思想史擺脫它的先驗束縛。對我來說，問題絕對不在於將已在語言領域驗證過的範疇應用到知識的發展或科學的起源，藉此讓思想史產生結構主義化。問題是要在任何目的論都不會提前簡化的不連續性中去分析此一歷史；要在沒有任何先決層面可以封閉的分散中去標定這個思想史；要讓思想史在一種匿名狀態中展開，任何先驗建構都不能將主體的形式強加給它；要思想史向不承諾任何黎明回歸的時間性開放。問題在於除去思想史所有的先驗性自戀部分；我們必須將它從這個它被封閉於其中、失而復得的圈子裡解放出來；我們必須指出，只有自康德（Kant）以來，理性機制不再有胡塞爾（Husserl）之後的數學理想性，亦無自梅洛龐蒂（Merleau-Ponty）之後所感知的世界含義——儘管他們費盡心力要發現思想史——時，思想史才

具有顯示先驗時刻的作用。

而且我相信，儘管有關結構主義的表面辯論帶來了含糊不清，但實際上我們還是彼此完全理解的；我想說的是：我們彼此完全理解各自想要做什麼。您捍衛一種連續、同時向目的論研究及不確定的因果關係過程開放的歷史的權利，這是很正常的；但這不是為了保護它免於遭受不識其運動、自發性和內部動力的結構性侵入；的確，您想要確保某種建構意識的權力，因為我們質疑的正是這些權力。但是這種捍衛應該發生在其他地方，而不是出現在辯論發生的地方：因為，如果您承認某種經驗性的研究、某個不足道的歷史研究有質疑先驗維度的權利，那麼您就放棄了基本的東西。這就產生了一系列的移動。將考古學視為一種有關起源、形式上的先驗、創始行為的研究，簡而言之，就是視其為一種歷史現象學（但對考古學來說，相反地就是要將歷史從現象學的支配之下解放出來），並在它未完成任務、只發現一系列的經驗事實時，對它提出異議。然後將歷史學家意在指出連續性的這份真正工作（然而幾十年來，歷史的意圖不再是如此），與考古學描述及它對建立閾值、決裂和轉型的關注對立起來；並指責它對經驗性漠不關心。接

著又將它視作一種研究，旨在描述文化的整體性，將最明顯的差異予以同質化，發現約束形式的普遍性（然而考古學的目的是定義論述實踐獨有的特性），並反對它的差異性、變遷和變動。最後，表明它如何將結構主義引進歷史的領域（儘管它的方法和概念無論如何都不會導致混亂），並從而指出它不能像真正的結構分析那樣運作。

所有這些移動和不了解是完全一致與必要的。這構成了它的間接益處：亦即能從旁接觸這些必須容忍、而且早就應該對它們讓步的結構主義形式；並告訴他們：「如果您觸及這些仍然屬於我們的領域，您就知道您會暴露在什麼樣的風險之下；您的手段可能在其他地方有效，但在此會立即遇到其限制；它們會遺漏所有您想要分析的整個具體內容；您最後將被迫放棄您謹慎的經驗主義；而且您會不得不陷入結構的奇怪本體論中。因此，您要聰明點，要堅持留在這個您應該已經征服的領地上，但是我們如今會假裝已經將這些領地讓給您，因為我們自己為它們設定了限制。」至於主要的益處，當然就是能隱藏我們長久處於其中、而且規模只會越來越大的危機：這個危機攸關的是自康德以來的哲學就認同的此一先驗反思；攸關的是

起源的主題、我們用以迴避我們的現在（présent）之差異的這個回歸承諾；攸關的是一種人類學的思想，這種思想將所有的質詢都放在對人之存在這個問題上，並得以讓我們避開對實踐的分析；攸關的是所有的人文主義意識形態；最後也是最重要的，攸關的是主體的地位。我相信您想要隱藏的正是此一辯論，您希望透過繼續研究起源和系統、共時性和發展、關係和原因、結構和歷史的愉悅遊戲來轉移對此一辯論的關注。您確定您不是在進行一種理論換位嗎？

———— · ————

所以，讓我們假設這場辯論就是您所說的那樣；假設問題在於捍衛或攻擊先驗思想的最後堡壘，而且我們承認今日的討論與您所說的危機大有關係：那麼，您的論述標題是什麼？它來自何處、它從哪裡取得說話權？它如何讓自己具有合理性？如果您只是致力於論述出現與轉型的經驗調查，如果您描述了陳述集合體、知識論形態、知識的歷史形式，那麼您要如何逃脫所有實證主義的天真？您的研究對於起源的問題及對建構主

體的必要援引，又有什麼價值？但是，儘管您聲稱開啟了一場徹底的詰問，儘管您想要將您的論述置於我們自己所處的層次上，然而您很清楚它將會進入我們的遊戲之中，而且它反過來會延伸它試圖擺脫的這個維度。或者它沒有觸及到我們，或者我們會索求它。無論如何，您必須告訴我們，這些論述是什麼？您這十年來一直堅持研究這些論述，卻從未留意要確立它們的狀態。總而言之，它們是什麼：是歷史或哲學？

———— · ————

我承認比起您剛剛的異議，這個問題更讓我感到尷尬。但它也完全沒有讓我感到意外；不過我本來想將它暫時擱置在一旁。這是因為目前、而且我還沒設想出一個詞語，我的論述避開了它可能倚靠的土地，遠遠無法確定它說話的地點。它是有關諸論述的論述：但是它不打算在這些論述之中找到一個隱藏的法則、一個它只要解放的隱蔽起源；它也不打算透過自己並從它本身開始，建立一個可能以這些論述為具體模型的通用理論。問題在於要展開一種我們永遠無法簡化為單一差異系統

的分散，一種與絕對參考軸無關的散亂；問題在於要操作一種不讓任何中心享有特權的偏移。這樣的論述不具有消除遺忘、在已說之事物最深處及它們沉默之處再度發現它們誕生之時刻（無論是它們的經驗創造，或是產生它們的先驗行為）的作用；它不打算成為對原初的回想，或是對真理的回憶。相反的，它必須做出區別：將這些差異當作對象來建構，去分析它們、定義它們的概念。這樣的論述沒有遍歷論述場域，以便為自己重新進行被擱置的整體化，沒有在已說之事物裡尋找這另一個隱藏卻仍相同的論述（因此沒有不斷讓寓言〔allégorie〕和套套邏輯〔tautologie〕發揮作用），它反而不斷地進行區分，它就是診斷（diagnostic）。如果哲學是起源的記憶或回歸，那麼我所做的無論如何都不能被視為哲學；而如果思想史旨在恢復那些被抹去一半的形態，那麼我所做的也不是歷史。

---　·　---

從您剛剛講的來看，我們至少必須記住一點，那就是您的考古學並非一門科學。您讓它一直在浮動，帶著描述的不確定

狀態。而且，它是想要被當作某個剛起步之學科的這些論述之一；這就為它們的創作者取得了雙重優勢，亦即無須為其建立明確且嚴謹的科學性，並為它開向一個讓它擺脫了誕生之偶然性的未來普遍性；它是如下計畫其中之一，這些計畫總是推延其工作的主要部分、驗證的時刻、一致性的最終確定，以便證明自己並非是某種事物；它是自十九世紀以來已經被宣布的諸多基礎之一：因為我們很清楚，在現代理論場域中，我們熱衷於發明的不是可論證的系統，而是我們開啟了可能性、勾勒出綱要、將其未來與命運託付給他者的學科。然而，一旦完成大略的藍圖，它們就與其作者一起消失了。而它們本來應該整頓的場域就永遠荒蕪了。

——　·　——

確實，我從未將考古學當作一門科學，也非一門未來科學的首要基礎。比起未來的建構計畫，我更專注於列舉 —— 即使這會帶來許多修正 —— 我在具體調查中所做的事情。考古學這個字詞不具備任何預先價值；它僅僅指出分析口頭表現的研究

路線之一：層次的規範，例如陳述與檔案的層次；領域的確定和澄清，例如陳述的規律性、實證性；形成規則、考古學衍生、歷史先驗性等概念的運作。但是，在它幾乎所有的維度及其幾乎所有的邊界內，此一舉動與科學、科學類型的分析、符合嚴謹性標準的理論都有關係。它首先與諸科學有關，這些科學在從考古學方面描述的知識中被建構而成，並建立了自己的規範：對此一舉動來說，這些同樣都是科學─對象（sciences-objets），就像病理解剖學、語史學、政治經濟學、生物學已經是科學─對象那樣。此一舉動也與分析的諸科學形式有關，它會根據層次、或是領域、或是方式來區分這些形式，而且它會依據各種特徵性的劃分界線來讓這些形式相毗鄰；它會藉由在大量已說之事物裡抨擊被定義為口頭表現之實現功能的陳述，來擺脫一種將語言能力（compétence）當作優先場域的研究：為了定義諸陳述的可接受性，這種描述建構了一個生成模型，但考古學卻為了定義它們實現的條件，而試著建立形成的規則；據此，在這兩種分析模式之間，存有若干類比，但也有差異（特別是關於形式化的可能層次）；無論如何，對考古學而言，生成文法具有分析─關聯（analyse-connexe）的作

用。再者，考古學描述在其展開及其涵蓋的場域中，會與其他學科相互連結：當考古學試著不參照心理的或構成的主觀性來定義陳述可能包含的不同主體位置時，就能與今日由精神分析提出的問題有所交集；當考古學試著讓概念的形成規則，以及陳述的接續、連貫與共存模式出現時，就會遭遇知識論結構的問題；當考古學研究對象的形成、它們出現與被詳述的場域，還有當它研究論述的適合條件時，就會遭遇社會形成的分析問題。對考古學而言，這些都是相關空間（espace corrélatif）。總之，只要有可能建構產生的一般理論，考古學作為不同論述實踐的規則分析，就能發現我們可以稱為其包覆理論（théorie enveloppante）的事物。

如果我將考古學置於許多其他已經建構的論述之中，這不是為了使之透過毗鄰與接觸來讓它享有無法自我賦予的地位；這不是為了在固定的叢集中，給它一個明確勾勒出來的位置；而是為了以檔案、論述形成、實證性、陳述、它們的形成條件來產生一個特定的領域。這個領域尚未成為任何分析的對象（至少在可能具有特殊性且不可簡化為詮釋和形式化這方面）；但沒有什麼能事先保證這個領域——我現在所處的這個

仍然簡陋的標定點──可以保持穩定和自主性。畢竟，考古學可能只具備工具的作用，能讓我們用比往昔更精確的方式來闡明社會形成的分析與知識論的描述；或是能讓我們將主體位置的分析與科學史理論連結起來；或是能讓我們將相互交錯的地點置於生產的一般理論和陳述的生成分析之間。這最終應該可以表明考古學這個名字指的就是今日的理論事態（conjoncture théorique）的一部分。無論此一事態是否會產生一個可個別化的學科，而且這個學科的最初特徵和全體範圍都在此被勾畫出來，無論它是否引起許多問題，這些問題當前的一致性並不會妨礙它們之後在他處、亦即在一個更高的層次上，或是依不同的方式被重新提出，所有這一切，目前我還無法決定。說真的，要做出決定的應該不是我。我同意我的論述會消失，就像那個能將它帶到這裡的形態一樣。

───── · ─────

您自己奇怪地使用了您抗議他人使用的這個自由。因為您給自己一整個您甚至拒絕予以定義的自由空間場域。但是，您

忘了您為了將他人的論述侷限在規則系統中而做的努力嗎？您忘了所有這些您精心描述的限制嗎？您沒有剝奪個體親自介入其論述所處之實證性的權利嗎？您將他們的最少的話語和義務連結起來，這些義務將他們最微小的創新判定成因循守舊。當涉及的是您自己，您隨意就能進行變革，但如果涉及他者，卻是很困難的。您最好應該要對您發言的條件有更清晰的認識，但反過來也要對人們的真實行動與其可能性有更多的信心。

——— · ———

我擔心您犯了雙重錯誤：就是關於我試著定義的論述實踐，還有關於您本身保留的人類自由的部分。我試著建立的實證性不應該被理解為由外部強加於諸個體的思想、或是預先存於內部的所有規定性；這些實證性主要是建構了一個諸條件的集合體，實踐會根據這些條件來進行，並產生部分或全新的陳述，最後還會根據這些條件來修改。這裡指的不是主體的創舉所造成的界線，而是實踐被表達的場域（無須將它建構成中心）、它實施的規則（它無須發明或制訂這些規則）、支持它

的關係（它無須成為這些關係的最終結果或匯集點）。問題是要在論述實踐的複雜性和厚度之中去彰顯論述實踐；指出說話（parler）就是在做某件事 —— 不同於表達我們所思、說明我們所知，也不同於讓語言的結構發揮作用；指出將一個陳述加入一系列預先存在的陳述裡，這是一個複雜且代價很高的舉動，它涉及了條件（而不僅僅是情境、上下文、動機），也包含了規則（不同於結構在邏輯和語言方面的規則）；指出在論述次序裡，變遷並不意味著「新的觀念」、些微的發明與創造力、不同的心智狀態，而是在實踐中的諸轉型，也許還有在與之相鄰的諸實踐、以及在與其共同的連結裡的諸轉型。我沒有、也不會否認改變論述的可能性：因為我從中抽出對主體主權的排他與即時的權利。

現在換我了，最後我想要問您一個問題：至少是在科學的次序和論述的場域裡，如果您將變遷或所謂的變革與意義、計畫、起源和回歸、建構的主體等主題連結起來，簡而言之，就是和所有能向歷史確保邏各斯普遍在場的主題連結起來，您對這樣的變遷有什麼想法？如果您是根據動力學的、生物學的、進化論的隱喻來分析，而且我們通常會在這些隱喻中解決歷史

變動的困難與特殊問題，那麼您給了它什麼樣的可能性？更確切地說：如果您於論述中只見到在事物與思想範圍內閃耀片刻的微薄透明度，那麼您會賦予這個論述什麼樣的政治地位？兩百年來，歐洲有關革命性論述與科學論述的實踐沒有讓您擺脫這樣的觀念，亦即字詞就像風，是外在的低語，是我們在歷史嚴肅性中幾乎聽不到的振翅聲響？或者我們應該想像：為了拒絕汲取此一教訓，您極力否認論述實踐本身的存在，而且您為了反對它，就想要維持一種精神、理性認知、觀念或意見的歷史？因此，當我們跟您談到實踐與其條件、規則、歷史轉型時，是什麼樣的恐懼讓您在意識上做出回應？因此，是什麼樣的恐懼讓您超越所有的界線、決裂、震動、斷節，去尋找西方重要的歷史—先驗命運？

就這個問題，我認為除了政治，沒有其他的答案。但今天我們就暫時將它擱置在一旁。或許很快就有必要以另一種模式來重新思考它。

這本書只是為了排除一些初步的困難。就像另一本一樣，我知道這十年來我所談論及進行的研究是多麼 —— 嚴格意義上來說 ——「徒勞無功」。我知道可能會有點棘手的是在處理論

述時，不從表達於其中的溫和、沉默與深沉的意識開始，而是從未知規則的籠統集合體開始。令人不快的是，在我們已習慣看見天賦和自由的作用以一種純粹透明的方式展開之處，去彰顯實踐的限制和必要性。挑釁的是將諸論述的這個歷史當作是一大堆的轉型，這個論述史一直被令人心安的生命變化或實際經驗的有意連續性所推動。令人無法忍受的是，當每個人在說話時，都會希望或想要把「自己」放進他本身的論述中，令人無法忍受的是切割、分析、合併、重組所有這些如今再度沉默的文本，但作者變形的面孔卻未在此被勾勒出來：「什麼！這麼多堆疊的字詞、大篇幅記下這麼多標記並供給無數人閱讀，以如此巨大的熱情將它們維持在表達它們的動作之外，以如此深切的虔誠致力於將它們保存與銘刻在人類的記憶中 —— 這一切都是為了不留下那隻曾勾勒這些標記的可憐的手、不留下這個試圖在它們身上獲得平息的憂慮、不留下這個今後只能靠它們才能生存的已結束之生活？論述，就它最深層的決定因素而言，不就是『痕跡』嗎？它的呢喃不就是沒有實體的永恆之處？我們是否應該承認，論述的時間並不是達到歷史維度的意識的時間，或者不是以意識形式呈現的歷史的時間？我是否應

該假設，在我的論述裡，攸關的不是我的生存？透過說話，我不是在避免我的死亡，而是在建立我的死亡；或者更確切地說，我廢除了這個外部（dehors）的所有內在性，這個外部對我的生命是如此無動於衷、如此中立（neutre），以至於它無法讓我的生與死做出區別？」

對於這些人，我很能理解他們的不安。他們應該很難承認他們的歷史、經濟、社會實踐、他們所說的語言、祖先的神話、甚至是童年時聽到的寓言所遵循的規則，全部都不是出於其意識的；況且，他們不太希望被剝奪了這個論述，他們希望能在沒有距離的情況下立即說出他們所想、所相信或所想像的；他們寧願否認論述是一種複雜且有區別的、遵循可分析之規則與轉型的實踐，而不願否認他們被剝奪了這個如此令人安慰的、脆弱的信念，那就是堅信即使不能改變世界或生命，至少也能透過來自它們本身且始終接近起源的話語新鮮感來改變它們的「意義」。在他們的語言裡，已經有這麼多的事物從他們手中溜走：再者，他們不想再錯過他們所說的（ce qu'ils disent），這個論述的零星片段──話語或書寫都無所謂──其脆弱且不確定的存在應該會將他們的生命延續得更遠、更久。他們無法

忍受（我們有點理解他們）──被告知道：「論述不是生命：它的時間不屬於您；在它身上，您不會與死亡和解；所有您說出來的一切很有可能會讓您殺死上帝；但是不要認為您能以您所說的一切來造就一個活得比論述更久的人。」

近代思想圖書館系列 061

知識考古學

作者：米歇爾·傅柯（Michel Foucault）
譯者：李沅洳
審閱：陳逸淳
主編：湯宗勳
特約編輯：江灝
美術設計：陳恩安

董事長：趙政岷｜出版者：時報文化出版企業股份有限公司／
108019 台北市和平西路三段 240 號 1-7 樓｜發行專線：02-2306-
6842｜讀者服務專線：0800-231-705；02-2304-7103｜讀者服務傳
真：02-2304-6858｜郵撥：1934-4724 時報文化出版公司／信箱：
10899 台北華江橋郵局第 99 信箱｜時報悅讀網：www.readingtimes.
com.tw｜電子郵箱：new@readingtimes.com.tw｜法律顧問：理律法
律事務所／陳長文律師、李念祖律師｜印刷：綋億印刷有限公司｜
一版一刷：2023 年 9 月 28 日｜一版二刷：2024 年 4 月 30 日｜定價：
新台幣 550 元

知識考古學／米歇爾·傅柯（Michel Foucault）撰寫；李沅洳 翻譯；陳逸
淳 審閱一一版.--臺北市：時報文化，2023.9；384 面；21×14.8×2.36 公分.
--（近代思想圖書館系列；061）｜譯自：L'Archéologie du Savoir｜ISBN
978-626-374-149-2（平裝）｜1. 知識論｜161｜112011717

L'ARCHÉOLOGIE DU SAVOIR by Michel Foucault
Copyright © Éditions Gallimard, Paris, 1969
Complex Chinese edition copyright © 2023 by China Times Publishing Company.
All rights reserved.

ISBN：978-626-374-149-2
Printed in Taiwan